HACKEANDO SUA CARREIRA

MARCELO TAS

HACKEANDO SUA CARREIRA

COMO SER RELEVANTE NUM MUNDO EM CONSTANTE TRANSFORMAÇÃO

Planeta ESTRATÉGIA

Copyright © Marcelo Tas, 2024
Copyright © Editora Planeta do Brasil, 2024
Todos os direitos reservados.

Preparação: Marina Castro
Revisão: Valquíria Matiolli e Fernanda Guerriero Antunes
Projeto gráfico e diagramação: Nine Editorial
Ilustrações de miolo: Bia Lombardi
Capa: Filipa Pinto | Foresti Design

CIP-BRASIL. CATALOGAÇÃO NA PUBLICAÇÃO
ANGÉLICA ILACQUA CRB-8/7057

Tas, Marcelo
  Hackeando a sua carreira : como ser relevante num mundo em constante transformação / Marcelo Tas. - São Paulo : Planeta do Brasil, 2024.
  240 p.

Bibliografia
ISBN 978-85-422-2633-1

1. Desenvolvimento profissional 2. Desenvolvimento pessoal I. Título

24-0451   CDD 650.1

Índice para catálogo sistemático:
1. Desenvolvimento profissional

Ao escolher este livro, você está apoiando o manejo responsável das florestas do mundo

2024
Todos os direitos desta edição reservados à
Editora Planeta do Brasil Ltda.
Rua Bela Cintra, 986, 4º andar – Consolação
São Paulo – SP – 01415-002
www.planetadelivros.com.br
faleconosco@editoraplaneta.com.br

Para a atriz Bel Kowarick, o meu amor.

"Muitas pessoas da nossa indústria não tiveram uma vida com experiências diversas. Então elas não têm pontos a ligar. Acabam trazendo soluções lineares, sem uma perspectiva ampla do problema.

Quanto mais amplo é o entendimento da experiência humana, melhor é o desenho de soluções para os problemas."

Steve Jobs

Este livro é para a criança em você. Seja ela telespectadora do *Castelo Rá-Tim-Bum*, do *CQC*, ou do *Provoca*, fã antiga do Ernesto Varela, aluna do Professor Tibúrcio, ou do meu curso de comunicação na plataforma educacional Domestika.

Crianças são especialistas em perguntas. Nascem sabendo que o ponto mais importante da vida é o ponto de interrogação. Num mundo que muda o tempo todo, certezas limitam o campo de visão. O motor da criatividade é a curiosidade. Por isso crianças nunca se satisfazem com respostas banais. Afinal, de uma vez por todas, turminha: "'Porque sim' não é resposta!". ;)

Este livro é sobre hackear a criatividade com boas perguntas. Principalmente nas encruzilhadas da carreira. É sobre não ter medo de errar na busca de um propósito. Bem-vinda à criança que existe dentro de você.

SUMÁRIO

INTRO   MEXERICA *THINKING*   13
GOMO 1   BIG BOY, BIG BANG!   25
GOMO 2   O TEMPO REAL   35
GOMO 3   A TRETA DO EXPONENCIAL   47
GOMO 4   VIRALIZOU!   73
GOMO 5   A HORA DO ELEFANTE   83
GOMO 6   OUVIR, OUVIR, OUVIR...   95
GOMO 7   ENCRUZILHADAS   115
GOMO 8   DORES E DELÍCIAS DE UMA *STARTUP*   139
GOMO 9   COMO SE FAZ?   151
GOMO 10   OLÁ, CLASSE!   169
GOMO 11   PODA: A PEDAGOGIA DO SIM   189
FINAL   O DOCE DE LEITE   215

AGRADECIMENTOS   225
NOTAS   229
REFERÊNCIAS   235

INTRO
MEXERICA THINKING

Meu nome não é Marcelo Tas. Nasci Marcelo Tristão Athayde de Souza, primeiro neto de duas grandes famílias do interior. Nenhuma abriu mão de carimbar o sobrenome completo nesta criatura que nasceu em 10 de novembro de 1959, em Ituverava, no estado de São Paulo. Assim, ganhei o Tristão da minha mãe e o Athayde de Souza do meu pai. Na época, Alceu Amoroso Lima, ilustre intelectual católico, assinava artigos nos jornais com o pseudônimo Tristão de Athayde. Gastei boa parte da juventude explicando que não tinha nada a ver com o cara. Que meu sobrenome era uma coincidência do destino, do encontro de duas famílias entusiasmadas com o nascimento do primeiro neto.

Associação Atlética Ituveravense

CARTÃO DE IDENTIDADE
DEPENDENTE

NOME MARCELO TRISTÃO A. DE SOUZA
N.º 051-R.CLUBE
NASC. 10-11-59
EMISSÃO /03/8
PRESIDENTE

Na escola, o peso do sobrenome desabou nas minhas costas. Diariamente, com gestos largos adquiridos nas aulas de caligrafia, desenhava o nomão completo no capricho, separando as sílabas mentalmente: Mar-ce-lo Tris-tão A-tha-y-de de Sou-za. Gastei muita tinta e paciência para preencher o cabeçalho nas folhas de papel almaço do Grupo Escolar Fabiano Alves de Freitas. Quando entrei na faculdade, o jogo mudou. Desiludido com o curso de Engenharia e encantado com o de Comunicação (mais tarde conto essa), frequentava cada vez menos as aulas da rigorosa Escola Politécnica da Universidade de São Paulo (USP), a Poli. Para não perder o ano por faltas, recorria a colegas de classe para rabiscar meu nome nas listas de presença. Para facilitar a tarefa deles, encontrei uma solução.

Em vez de Marcelo Tristão Athayde de Souza, assinava Marcelo TAS, o acrônimo do sobrenome quilométrico. Um dia, numa aula sonolenta de Resistência dos Materiais, o professor estranhou a novidade e perguntou: "Quem aqui é Marcelótas?". Risos gerais. Foi um susto ouvir minha nova identidade anunciada em voz alta, com um erro grave de pronúncia na sílaba tônica. Juntei a coragem disponível (sempre fui muito tímido) e respondi de bate-pronto: "Não é Marcelótas, mestre, é Marcelo Tas!". Pimba, minha nova identidade saiu do armário. Animado com a mudança, passei a assinar com meu novo nome, além das listas de presença, os textos que escrevia no *Cê-Viu?*, o jornalzinho anarquista de humor da Poli. Mudei de fase no jogo da vida. Dentro da minha alma curiosa, nascia uma consciência sutil: é preciso transformar a realidade todos os dias. Mesmo que pareça impossível. Como mudar o nome da gente.

No corpo humano, a cada 24 horas, morrem e renascem cerca de 50 bilhões de células.[1] Somos uma espécie de floresta que vive, morre, renasce, vive, morre, renasce... permanentemente. O trabalho mínimo diário de cada um de nós, mesmo que poucos saibam disso, é renovar as células do corpo. Somos uma usina de mudanças. Ao mesmo tempo, uma contradição ambulante. Mudar é o que nos mantém vivos, só que temos medo de mudança. Vou repetir em letras maiúsculas para ficar bem claro: temos MEDO de mudanças. Como pode? São as mudanças contínuas que garantem o bem viver. Percebe a treta?

Não sou exemplo de nada. Resolvi escrever este livro para compartilhar dramas, tropeços e aprendizados das mudanças mais radicais e turbulentas da minha carreira de mais de quatro décadas. Vou entregar os escorregões, os vacilos, os fracassos e, sobretudo, os MEDOS nas encruzilhadas da vida profissional.

A MINHA CARREIRA

A PERCEPÇÃO DO PÚBLICO | *A REAL!!!*

Quem sabe você se identifique com as minhas inseguranças e consiga rir das suas. As pessoas têm uma ideia errada da carreira de figuras públicas. Imaginam um caminho perfeitinho, uma reta que liga o ponto A – o artista iniciante – ao ponto B – o ápice da fama. Isso não corresponde à realidade. As coisas nunca dão certo de primeira.

Não ter MEDO de mudanças, encarar o que dá errado, expor os tropeços e rir deles são práticas fundamentais para a contínua reinvenção da carreira. Escrevo este livro com a intenção de fazer com que o MEDO da mudança não seja um freio na sua vida. Logo de cara, depois de um início bem-sucedido na carreira, aos 30 anos fraturei os calcanhares numa filmagem na Amazônia. Conheci a minha vulnerabilidade de forma radical. Tive MEDO de nunca mais voltar a andar. Foi encarando esse MEDO que encontrei na dança e em técnicas corporais como RPG, hatha yoga, tai chi chuan e gyrotonic a cura para o tombo que levei. Não só voltei a andar como conheci melhor o meu corpo e a mim mesmo. A fragilidade física e emocional me colocou diante de oportunidades para aperfeiçoar habilidades, como a de escrever com mais frequência e precisão. Mais importante, claro, de encarar o desafio de recuperar a minha saúde física e mental.

Ninguém gosta de sentir dor. Trinta anos depois do acidente, posso garantir: o tombo amazônico me aproximou como nunca da necessidade de encarar o MEDO. A viver plenamente a vida, especialmente nos momentos em que não há plano B. Onde a única saída é encarar a dor. Aprendi com os tropeços que a dor é como uma plaquinha que sinaliza o caminho da cura. Por instinto, o sistema de defesa do corpo procura caminhos para evitar a dor. Depois de um corte no pé, por exemplo, a tendência é que você sem perceber evite pisar no chão de forma plena e suave, como deve ser. Em poucas horas os músculos do pescoço ficam estressados e a coluna sofre com a compensação da postura antinatural.

 A mesma coisa acontece com pessoas que chamamos "sensíveis" diante do MEDO. Temendo algo que ainda desconhecem, elas sentem dores que às vezes nem existem. Não são pessoas sensíveis; são pessoas insensíveis aos seus limites para encarar o MEDO. Na verdade, o organismo delas está apenas descalibrado. Dispara um mecanismo de defesa, o chamado sistema nervoso simpático, antes mesmo de viver plenamente o que está acontecendo. Sem uma razão concreta, por MEDO da dor, o corpo e a visão do problema se contraem. A mente fica limitada, com uma visão parcial da realidade. As chances de enxergar caminhos para a solução do problema ou para a cura da dor se reduzem. O MEDO prejudica a percepção ampla da realidade. O tempo todo, o corpo emite sinais preciosos. Ouça com atenção, sem MEDO! A partir de agora, escrevo MEDO pela última vez em letras maiúsculas. Daqui para a frente, quando você encontrar a palavra, quero que a imagine em maiúsculas para reforçar a importância de encarar o bicho com coragem.

 Percebi ao longo da minha carreira que, do pedreiro ao engenheiro, da *personal trainer* ao designer de *games*, do cirurgião à bailarina, a vida profissional é resolver bucha. Para a construção de uma carreira bem-sucedida, há que se cultivar, com a persistência de um jardineiro fiel, a habilidade de solucionar problemas. Com a revolução digital, a necessidade foi agravada pela equação: realidade complexa + avanços tecnológicos robustos e furiosos.

A era da aceleração digital pede indivíduos dotados de *métis*, palavra grega que significa "capacidade de saber o que fazer na hora certa". Sem pressa, mas com agilidade. Como adquirir *métis*? A resposta é simples e desafiadora: viver experiências diversas. Fazer da vida um liga-pontos de aprendizados. Acolher a diversidade de pessoas, lugares e obstáculos que surjam no caminho. Encarar com coragem o medo das mudanças e fazer da carreira um aprendizado contínuo.

Métis foi a primeira esposa de Zeus, o chefão dos deuses gregos. Conhecida como deusa da astúcia, foi ela quem teve a ideia de dar um porre no sogro Cronos, o titã do tempo, para que ele vomitasse os filhos (o cara tinha engolido todos de uma só vez, com exceção de Zeus). A mitologia grega parece maluca, mas é uma forma simples e divertida de falar de coisas complexas. A história de Cronos comer os filhos é uma alegoria do tempo linear, o tempo cronológico, no qual o passado consome o futuro. A inteligência astuciosa de Métis, sua habilidade de fazer a coisa certa na hora certa, fez seu marido assumir o poder e a responsabilidade de manter a ordem e a justiça no Olimpo.

Olha a coincidência irônica: Métis é mãe de Atenas, símbolo da Poli, a faculdade onde eu virei Marcelo Tas. O curso de Engenharia não tem nada a ver com a minha carreira de comunicador, certo? Errado. Foi lá – depois de frequentar, entre outras, as aulas de Vetores, Cálculo 1, 2, 3 e 4, Mecânica dos Fluidos, Transferência de Calor e Massa (me divirto até hoje com os nomes curiosos das matérias que estudei) – que aprendi algo crucial para a vida de comunicador e estudioso da transformação digital. Todo problema pode ser fatiado em pedaços. É um jeito especialmente eficiente de lidar com os problemas da nossa era, que são cabeludos. A engenharia é a ciência de fatiar um problema em pedaços que caibam dentro da boca, como faz o chef japonês com o atum na hora do sushi. Assim, você consegue mastigar bem e digerir melhor os desafios. Um a um. O mundo fica mais saboroso e divertido.

Eis o aprendizado precioso da Engenharia que levei para a minha vida profissional na Comunicação e vou compartilhar em detalhes com você neste livro: nenhum problema é grande demais que não possa ser encarado. A tarefa é descobrir como fatiá-lo em pedaços que caibam na sua boca. Ao longo de décadas, testei o achado na carreira de comunicador. Desenvolvi com parceiros na TV, na rádio, em jornais, revistas, museus e plataformas de internet uma metodologia que chamo de mexerica *thinking*. Uma técnica de fatiar problemas em gomos.

A mexerica é uma fruta fascinante, com embalagem e usabilidade perfeitas. É dividida em células, os gomos, envoltos por uma casca fina, cheirosa e resistente. Um design simples e sofisticado. Merece o primeiro lugar no pódio das criações divinas. O desenho da fruta tem qualidades aparentemente antagônicas: individualidade e coesão. Numa mexerica, cada gomo representa o todo. E vice-versa. Quem vê alguém com a fruta ainda intacta na mão ou com um último gomo indo em direção à boca pode dizer a mesma frase: "Olha lá um sortudo saboreando uma mexerica". (Ou tangerina, poncã, fuxiqueira, laranja-mimosa, mimosa, bergamota, clementina... A depender de onde você esteja no Brasil.)

Este livro é como uma mexerica. Cada capítulo, ou gomo, pode ser saboreado individualmente, na sequência que desejar. A ordem em que você navega pelos capítulos não afeta o entendimento do todo. Você também pode navegar pelos capítulos na ordem crescente das páginas, da forma como foram colados os gomos, um após o outro. Como na fruta, na embalagem física ou digital, tudo é uma coisa só: um livro com unidade e coesão.

O livro tem uma vantagem especial em relação à mexerica. A qualquer momento você pode voltar a mastigar um capítulo não absorvido muito bem na primeira mordida.

Fica a seu critério.
Boa leitura.
MARCELO TAS

A mexerica
é uma fruta
fascinante [...].
O desenho da fruta
tem qualidades
aparentemente
antagônicas:
individualidade
e coesão.

#HackeandoSuaCarreira
#MexericaThinking

GOMO 1

BIG BOY, BIG BANG!

Nasci em 1959, ajudei a inflar a estatística do número explosivo de bebês nascidos após a Segunda Guerra Mundial. Sou um *boomer*, designação derivada da expressão *baby boom* – literalmente, uma "explosão de bebês". Os soldados voltaram para casa, reencontraram suas parceiras e *boom*! Meu pai, Ézio Athayde de Souza, soldado do Tiro de Guerra de Ituverava e estudante de Direito, nunca foi à guerra, nem deu um único tiro na vida, mas, em 1958, casou-se com Shirlei Terezinha Tristão, professora de escola primária. O casal surfou a onda de um certo otimismo com a volta à normalidade e a expansão dos negócios após a brabeira e as incertezas do pós-guerra – e, graças a eles, eu vim ao mundo.

Nós, os *boomers*, passamos a infância e a juventude dentro de um turbilhão de mudanças. As décadas de 1960, 1970 e 1980 formam um arco de transformações comportamentais e disrupções tecnológicas radicais: Guerra Fria, corrida espacial, liberação sexual, drogas lisérgicas, satélites, punk, rock, hip-hop, hippies, nerds, cultura *maker*, computador e internet. Minha carreira acontece na transição de um mundo antigo, desplugado, quase medieval (cheguei a andar de carro de boi na infância – dê uma busca aí para você ver que belezura é esse tipo de veículo sem motorista), para o mundo acelerado, instantâneo das telas digitais e da popularização da inteligência artificial.

Meus pais, professores de escola pública, não tinham recursos para investir em novidades tecnológicas. Com sorte e curiosidade, fui fuçando a vizinhança atrás de formas de me conectar ao desconhecido. Cândido, pai da minha mãe, era um homem discreto e disciplinado. Na casa dele, em posição de destaque na sala, havia um enorme rádio com carcaça de madeira e tecido amarelo brilhante ovalado cobrindo os alto-falantes. O aparelho impunha respeito e cerimônia. Após o expediente, de banho tomado, sem camisa por conta do calorão de Ituverava, vô Candim sentava na cadeira de balanço diante do aparelho em busca de notícias. Encantado, eu ficava assistindo ao meu avô ouvindo o radião. Apreciava seu jeito cuidadoso de girar o botão redondo do seletor e inclinar a cabeça em direção ao chiado que vinha das ondas eletromagnéticas. Parecia um pediatra auscultando um bebê. Sempre alerta, Candim usava uma das mãos para deslizar a haste do sintonizador pelo painel iluminado por luzinhas amarelas, enquanto a outra ajeitava os óculos para conferir as frequências das emissoras, atento ao indício de qualquer notícia.

Do lado do meu pai, a configuração era diferente. João Athayde, o meu avô, era um cara desinibido e festeiro. Um baiano cansado, segundo ele próprio. A família saiu da Bahia em busca de melhores dias na capital paulista, se cansou e se espalhou na fronteira de Minas Gerais com São Paulo. Analfabeto, morenão mestiço de olhos azuis, João era um curioso sempre animado a aprender novos ofícios. Entrou como carroceiro e saiu gerente de uma fazenda de café. Acabou comprando uma parte dela onde construiu a casa onde nasceu meu pai e outros cinco filhos dele com Julieta Maria do Vale. A casa modesta vivia cheia de gente. Branquela de origem portuguesa, silenciosa e boa de briga, vó Julieta comandava as rezas e as farras com mão firme e coração mole. Muitas vezes, quem aparecia para rezar o terço, fazer pamonha ou tomar uma pinga acabava dormindo por lá. Como era comum na arquitetura caipira da época, as paredes não chegavam até o teto. Havia uma salinha na entrada, quatro quartos, um só banheiro e a cozinha generosa. Todos virados para um grande salão de jantar. Dos quartos, era possível ouvir os ruídos da casa toda.

O rádio ficava na salinha de entrada, que também servia de escritório para vô João. Na hora de dormir, era comum alguém ficar ouvindo rádio até mais tarde. Aí, acontecia com frequência uma cena surreal. Alguém já deitado em um dos quartos gritava lá da cama ao ouvinte do radião na salinha:

"Ô, fulano, põe na rádio Tupi que vai começar o meu programa."

"Qual a frequência da Tupi?"

"Não sei, vai mexendo aí que eu digo a hora de parar..."

"É essa?"

"Não, é mais pra frente, vai, pode ir... vai, vai..."

"É essa?"

"Não, vai mais um pouquinho... Mais... Vixe, passou, volta... Não, peraí, voltou demais, vai pra frente de novo..."

Era o tio Zé do Vale, uma figura doce e folgada. Da cama, pilotava à distância quem estivesse na sala com a mão no dial do radião. A zapeada às cegas era acompanhada dos quartos por quem ainda não estivesse dormindo. A lenga-lenga avançava até que a voz firme de vô João, também sem se mover da própria cama, onde já estava havia tempos debaixo dos lençóis com vó Julieta, determinava que era hora de desligar o aparelho. As ondas sonoras se dissipavam e todos iam dar um jeito de pegar no sono.

Fui um nerd precoce, obcecado por rádio. Meus pais não viram outro remédio. Antes de completar 10 anos, ganhei de Natal um radinho portátil, algo absolutamente incomum. Na época, criança só ganhava brinquedo de criança. Papai Noel me trouxe um modelo japonês, da marca National, alaranjado, com carcaça de plástico e design futurista, estilo "Os Jetsons", que pegava AM, FM e ondas curtas.

Durante o dia, uma frustração. Mesmo hipermoderno, o radinho só sintonizava a única estação da minha cidadezinha. O prefixo da emissora era repetido várias vezes ao dia por um vozeirão grave, no tom do otimismo ingênuo da época: "ZYK8, Rádio Cultura de Ituverava, uma cidade a caminho do progresso!".

À noite, tudo mudava. Era possível ouvir emissoras das principais cidades do Brasil e até do exterior, graças ao efeito da reflexão das ondas radiofônicas pela ionosfera, a camada da atmosfera que fica uns 100 quilômetros acima da superfície terrestre. Aprendi isso no Google da época: o meu professor de Ciências. Durante o dia, a radiação solar intensa carrega eletricamente os átomos e moléculas. As partículas ficam ionizadas, daí vem o nome ionosfera. O fenômeno cria uma espécie de congestionamento de elétrons que dificulta o trânsito de pulsos magnéticos enquanto há sol brilhando no céu. De noite, a coisa se acalma e as ondas radiofônicas, em vez de absorvidas, são refletidas de volta para a Terra graças à teia natural que abraça o planeta, para deleite dos doidos por rádio, que era o meu caso.

Na hora de dormir, eu usava a pequena joia da tecnologia nipônica para surfar as ondas radiofônicas. É difícil traduzir a importância daquela experiência. Hoje vejo bebês com poucos anos de vida deslizando os dedinhos na tela do celular. Instintivamente, estão experimentando a interação com um conteúdo à distância. Eu tive uma experiência parecida quando, aos 10 anos, lá em Ituverava, girava o dial e capturava conteúdos distantes da minha realidade. Com meu radinho alaranjado, entre os lençóis, sentia na ponta do dedo e na alma o significado da palavra "telecomunicação".

Meu ouvido curioso foi atraído pelo sotaque e estilo novidadeiro das emissoras do Rio de Janeiro. Com destaque para os programas de esporte da Rádio Globo. Nas vinhetas havia um eco que esticava as últimas sílabas: "Rádio Globo--ô-ô-ô-ô-ô...", além do tradicional "Brasil-il-il-il-il-il-il-il...", usado até hoje. Nas ondas radiofônicas cariocas, virei devoto de uma pequena emissora, a Rádio Mundial. Mais especificamente do programa *Ritmos de Boate*, apresentado por um professor de História tímido que, diante do microfone, se tornava um doido falante: "*Hellooo, crazy people*, aqui é Big Boooy apresentandooo... *Ritmos de Boate*! A Mundial é show musicaaal!!!".

    Big Boy, o personagem criado por Newton Alvarenga Duarte, o tal professor de História, renovou a linguagem do rádio, especialmente com o público jovem. Com voz inconfundível, o DJ lunático anunciava as novidades musicais que sacudiam as discotecas, as baladas dançantes da época. O setlist passava por *funk*, *twist*, *hally gally* e rock (aos berros e gargalhadas, ele explicava: "Tuuudo é rock!!!"), até chegar ao suingue da turma do Baile da Pesada, mistura preciosa do *soul* norte-americano com o samba da zona norte do Rio de Janeiro. Big Boy era gordinho com bochechas estufadas que desenhavam um sorriso de Coringa no rosto dele. Misturava palavras em inglês e português numa velocidade acelerada demais para o mundo pré-multimídia: "Mundi, Mundi Joveeem... *Yesss*, vamos curtir, *come ooon, crazy people*! Maracangalha, *let's go to Maracangalha, let's gooo...*".

    Teleguiado por Big Boy, ouvi pela primeira vez The Beatles, Chuck Berry, James Brown, Tim Maia, Jorge Ben Jor... uma playlist de influências fundamentais para a minha vida, que mal começava. Rádios gringas expandiram o meu batismo nas ondas eletromagnéticas. Direto da minha cama em Ituverava, zapeava com o dedinho no dial pela BBC de Londres, pela Voz da América – transmissão oficial do governo norte--americano –, e até pelo serviço em espanhol da Rádio Moscou – transmissão da emissora estatal soviética. Sim, o meu surfe iniciático nas ondas do rádio se deu em plena Guerra Fria.

Na época, dividia o quarto com João e Ezinho, meus dois irmãos menores, que geralmente dormiam mais cedo. Depois de navegar por universos fascinantes que excitavam a minha imaginação, ao girar a chave para "off" era engolido pelo silêncio abissal de Ituverava. Foi uma experiência precoce de caminhar entre o real e o virtual. O rádio foi a minha internet a lenha. Pensava com os botões do meu pijama: *Puxa vida... eu aqui nessa roça... e, lá longe, uma pá de gente vivendo a mil pelo mundão véio sem porteira.*

O rádio abriu o universo da telecomunicação na minha cabecinha pré-adolescente caipira. Foi a faísca que expandiu a consciência de que havia outras dimensões além daquela onde eu vivia. Foi o meu big bang! Ironicamente, quem nasce hoje com o dedinho deslizando na tela do smartphone talvez tenha mais dificuldade de perceber o valor da telecomunicação do que eu tive lá na escassez de informação de Ituverava.

É preciso entender algo com clareza. Independentemente da área de atuação, hoje a telecomunicação é o principal vetor de impacto nos negócios, na carreira e, cada vez mais, na vida pessoal de qualquer um. Ninguém mais consegue trabalhar – ou mesmo acordar, fazer ginástica, se divertir, sair de casa, comprar, dormir, namorar – sem o celular. Mesmo assim, há uma enorme dificuldade de reconhecer o valor das novas ferramentas de comunicação. Especialmente o valor de aprender a usar bem. Mesmo que você pense que saiba tudo, é crucial reservar um investimento de tempo e energia, inclusive recursos financeiros, para se reeducar constantemente sobre a telecomunicação. Daqui em diante, ela vai mudar de forma robusta, inédita e imprevisível.

Parece óbvio? Sim. Mas tenha cuidado. É preciso atenção para o óbvio. Principalmente para as sutilezas do óbvio. Mesmo que você não se interesse por tecnologias que pareçam distantes – como a inteligência artificial generativa –, é importante se aproximar delas sem medo. A telecomunicação agora é ubíqua. Está em todo lugar. Quem ainda está com medo de pular nessa piscina deve, pelo menos, colocar o pezinho na água. Hoje em dia, até a sua avó coleciona figurinhas no WhatsApp. Para que a telecomunicação tenha um impacto relevante na sua carreira, você tem que ir mais a fundo. É hora de desenvolver uma estratégia para fatiar desafios e encarar o potencial da revolução em movimento.

O radinho de pilha foi o meu big bang: a fagulha que disparou a minha consciência da telecomunicação. Depois, o entendimento se ampliou quando entrou pela porta de casa o aparelho que transformaria a minha vida definitivamente: a televisão. E para você, qual foi o seu big bang?

O radinho de pilha foi o meu big bang: a fagulha que disparou a minha consciência da telecomunicação. E para você, qual foi o seu big bang?

#HackeandoSuaCarreira
#Telecomunicação

GOMO 2
O TEMPO REAL

A televisão chegou ao Brasil em 1950. Em Ituverava, só na década seguinte. A primeira TV do bairro foi instalada na casa do dr. Eusvaldo, meu padrinho, o tio Vadim. Médico da cidade, ele tinha um Simca Chambord. Era meu tio "rico". As aspas são necessárias porque a vida no interior era muito simples, com recursos escassos. Ver TV pela primeira vez na vida foi um susto, claro. A solenidade juntou a família – avós, tios, primos e agregados em torno do aparelho. Tia Maria, minha madrinha, jogou almofadas pelo chão e serviu biscoitinhos de chocolate com leite para as crianças. Só que a programação era mixuruca. Havia um só canal, a TV Tupi, que pegava apenas numa parte do dia. A infância livre pelas ruas de Ituverava era muito mais legal que o chuvisco de imagens em preto e branco.

Um dia, o jogo virou. Fui convocado formalmente pelo meu pai para uma missão especial: "Chegou o dia de comprar o nosso televisor!". Essa era a palavra usada quando alguém queria ressaltar a importância da novidade: televisor. Jovem advogado, dr. Ézio juntou um dinheirinho e negociou um Telefunken de segunda mão com um oficial de justiça, colega dele, que estava "apertado" nas finanças. Ao entrar no Fusca, senti a importância da incumbência. No banco de trás havia cobertores de lã, cuidadosamente dobrados, para auxiliar a tarefa de transportar o trambolho com segurança. O mais difícil foi fazer o caixotão imenso entrar pela porta do Fusquinha.

Em casa, uma operação de guerra estava em marcha para receber a novidade. Um pedreiro já havia assentado a base de concreto e a torre metálica no quintal. No topo dela, a antena parecia uma espinha de peixe apontando para o nada. Lá de cima se tinha uma visão inédita da pequena Ituverava: as copas das árvores, as ruas de paralelepípedos pretos manchados de terra roxa, os telhados dos vizinhos e até o sino na torre da igreja. Fiquei encantado e fui imediatamente proibido por dona Shirlei de subir na escadinha precária que dava acesso ao visual. Mais tarde, num momento de descuido dela, me atrevi à aventura.

A instalação do sistema de captação de imagens televisivas foi um esforço coletivo. No alto da torre, o técnico girava a antena como se estivesse sintonizando um radinho. Embaixo, diante do aparelho na sala, todos nós, animados, orientávamos a sintonia fina aos gritos. Como uma torcida organizada:

"Vai... vai... vaaai! Mais um pouco... Aí, para! Paaara!!!"

"Hããã?"

"Ahhh, passou! A imagem tava boa, agora sumiu... Vai voltando, devagar... Vai, vai, vai, peraí... Aêêê, pronto, tá perfeita!"

Mesmo criança, percebi pelas conversas dos adultos que algo ainda mais importante estava para acontecer. A televisão fazia a entrada triunfal na minha casa para que pudéssemos testemunhar em família um fato histórico. Liguei os pontos: a convocação solene do meu pai, o transporte da TV no Fusca, a instalação da torre, a antena... Que sorte a minha. O programa de estreia da TV na minha casa seria a transmissão da chegada do homem à Lua. Ao vivo!

Em 20 de julho de 1969, estima-se que mais de meio bilhão de pessoas assistiram à cena histórica. Levando-se em conta que havia apenas 3,6 bilhões de habitantes no planeta e a televisão ainda não era um veículo de massa, dá para dizer que "todo o mundo" viu.

Para os norte-americanos, tão importante quanto chegar lá era transmitir o fato ao vivo, para que os terráqueos, incluindo eu e minha família, testemunhassem juntos a conquista da Lua pelos EUA. As imagens na TV eram a prova documental da vitória deles na corrida espacial contra a União Soviética. Foi um ensaio de *happy ending* (para eles, é claro) da Guerra Fria, o que só aconteceria mais tarde, com a dissolução da União Soviética.

O planejamento para a transmissão ao vivo foi tão desafiador quanto a própria missão da Apollo 11. Os astronautas Neil Armstrong e Buzz Aldrin, protagonistas do primeiro passeio lunar, foram submetidos a um treinamento rigoroso para que pudessem registrar o ato como fotógrafos de si próprios. Além dos critérios para obedecer a protocolos de segurança, claro, a posição de descida na Lua foi estrategicamente definida para favorecer uma boa luminosidade para a TV. Na íntegra do vídeo, hoje disponível no YouTube, se ouve Neil Armstrong lamentar que a Apollo 11 havia pousado ligeiramente fora do planejado, o que acabou comprometendo a qualidade do show de imagens. No instante histórico, a posição da nave em relação ao Sol deixou Armstrong mal na foto, totalmente na sombra, ao descer a escadinha para finalmente colocar o pé pela primeira vez no satélite natural da Terra. As imagens da chegada do homem à Lua estão entre as mais conhecidas da história. Mesmo assim, talvez você nunca tenha sabido de um detalhe: Armstrong carregava, o tempo todo, uma grande câmera fotográfica presa ao peito. Ironicamente, por conta disso, quem apareceu nas principais revistas e jornais depois da volta triunfal da Apollo 11 à Terra foi Buzz Aldrin, o segundo astronauta a pisar na Lua. Nas imagens, só é possível ver Armstrong, o primeiro ser humano a de fato pisar o solo lunar, refletido no visor do colega fotografado por ele.

 A empresa sueca Hasselblad trabalhou em sigilo com a NASA no desenvolvimento da Hasselblad Data Camera (HDC) e da Hasselblad Electric (HEC), as câmeras produzidas exclusivamente para a missão. A Zeiss, fabricante alemã de lentes para telescópios, microscópios e máquinas fotográficas, desenhou lentes para as Hasselblads, calculadas com a curvatura ideal para os enquadramentos e condições de luminosidade da Lua. As imagens coloridas em alta resolução que estamparam revistas e jornais pelo mundo afora foram feitas pela HDC e registradas num filme desenvolvido especialmente pela Kodak, com um cartucho para duzentos cliques. Era a tática para evitar a troca de filme fotográfico em condições críticas.

A câmera e o cartucho de filme nunca haviam sido testados antes naquelas condições.

Para a transmissão ao vivo, a HEC, uma câmera eletrônica de TV, foi instalada no módulo lunar. Era equipada com lentes Zeiss Planar, que permitiam capturar imagens à distância em baixa resolução, em preto e branco. Foi descartada a opção do uso de câmeras de TV em cores. O peso e o tamanho dos equipamentos na época inviabilizariam o transporte deles ao espaço. O volume de dados necessário para transmitir as imagens em cores, em melhor resolução, ao vivo, poderia colocar em risco o show de televisão mais assistido da história.

Ao fim do dia de trabalho no espaço, o material capturado no filme Kodak foi recolhido em lugar seguro na nave. Para aliviar o peso e favorecer a chance de uma viagem de volta bem-sucedida, todo o resto – câmeras, lentes e acessórios – foi descartado em solo lunar. A primeira vez do ser humano na Lua também foi o ato inaugural da era de descuido com o lixo espacial.

Além do feito astronômico extraordinário, a chegada do homem à Lua foi um vetor exponencial para a transformação da cognição humana. Foi o marco que iniciou a era do tempo real. Pela primeira vez os habitantes do planeta assistiam e comentavam juntos, ao mesmo tempo, a mesma imagem. Essa experiência hoje corriqueira – uma massa de gente comentar o mesmo fato, ao mesmo tempo, na internet – foi inaugurada naquele dia, no mundo analógico. Se as redes sociais já existissem no dia 20 de julho de 1969, é facinho adivinhar os *trending topics*, né? #HomemNaLua #Armstrong #Apollo11 #NASA #ChupaUniãoSoviética.

Neil Armstrong com sua câmera no treinamento da Apollo 11.
Fonte: NASA Image and Video Library

Ao redor do planeta, todos os jornais, revistas e canais de televisão traziam as mesmas imagens e manchetes. Até o *Izvestia*, principal jornal soviético, publicava a notícia em sincronia com a mídia global. Sem tanto destaque, claro, mas na primeira página. A descida do homem na Lua é o início da era globalmente conectada, em que as notícias, os negócios, a educação, a política, os relacionamentos e as carreiras acontecem em tempo real. É o marco zero da aceleração na telecomunicação que experimentamos hoje.

Agora, as carreiras, de qualquer área de atuação, acontecem sob pressão do fluxo de decisões em tempo real. Do primeiro passo de Neil Armstrong para cá, a possibilidade de tudo ser acompanhado ao vivo por uma ou muitas pessoas representa uma mudança na percepção da realidade. É uma transformação profunda, silenciosa e relevante na maneira com que cada um de nós lida com informações e emoções.

O risquinho azul no WhatsApp é um pequeno exemplo do gigantesco desafio. Houve uma época – se é que você se lembra disso – em que uma mensagem era enviada e não havia expectativa de resposta imediata. As questões eram tratadas com um tempo absolutamente diferente. Havia um arco a ser percorrido na troca de informação. Uma carta, por exemplo, enfrentava um trânsito louco pelo correio, cidades e ruas até chegar ao destino. Mesmo o e-mail, no início, era algo tratado com extrema solenidade. Havia um entendimento compartilhado de que a mensagem recebida deveria ser lida, compreendida, respondida e devolvida com o devido cuidado. O arco mais amplo permitia o amadurecimento e a melhor digestão da conversa. Agora, a publicação e a distribuição de conteúdo são instantâneas. Assim que algo é enviado ou publicado, cria-se automaticamente uma ansiedade frenética pelo retorno. O risquinho no WhatsApp já ficou azul, a pessoa leu, não respondeu e já se passaram trinta segundos! Será que algo grave aconteceu? A pessoa me ignorou? Deve estar chateada com alguma coisa... A mente não para de fritar e criar hipóteses absurdas, mesmo que nada esteja acontecendo.

A comunicação acelerada cria, ao mesmo tempo, oportunidades preciosas e armadilhas perigosas. A mudança na cognição é brutal. Mesmo assim, invisível. Um simples clique faz com que as múltiplas pontas da rede se toquem e gerem faíscas. As chances do surgimento de interações inférteis é exponencial. A informação, de qualidade ou não, se espalha instantaneamente entre quem enviou, quem recebeu, quem está copiado no e-mail... Pense: quantas vezes você se envolveu numa teia de tensões sem que nada de relevante estivesse acontecendo? Com máquinas cada vez mais possantes conectando todos, o tempo todo, cuidado! Involuntariamente, você pode colaborar para que expectativas sejam criadas, infladas e frustradas. Para complicar um pouquinho mais: tudo o que você escreve, fotografa, filma, registra por áudio... vai para a nuvem e pode ser replicado. Vira documento.

A urgência em relação ao tempo real se transforma facilmente numa armadilha. Há uma enorme intolerância à espera. O inimigo invisível exige uma resposta instantânea para tudo, do transporte pedido no aplicativo ao boa-noite da pessoa amada. A mudança de cognição pede uma mudança de mentalidade, senão a vida se transforma numa pororoca de drama. Qual é sua tolerância à espera entre enviar, receber, ler e responder cada uma das múltiplas mensagens que chegam sem parar? Qual é a hora certa de desacelerar para que a qualidade do fluxo de informação melhore? Em qual situação você deve se atirar sem medo na agitação da telecomunicação acelerada porque é necessário acompanhar a conversa em tempo real? Trate de buscar sem pressa as respostas. Não tenha medo de fazer novas perguntas.

O horizonte é contraditório. Repito, está repleto de armadilhas perigosas e oportunidades preciosas. Tudo que circula entre você, a empresa, a escola, a família, os amigos e os inimigos gera toneladas de informação desestruturada. A escolha é sua: a abundância de dados permanecerá como uma avalanche de ruídos ou será hackeada, analisada, filtrada, interpretada e transformada em algo valioso? Para encarar a dúvida, mire com uma lupa as suas necessidades verdadeiras. As novas ferramentas, inclusive e especialmente a inteligência artificial, estão aí para atender quem sabe fazer boas perguntas. Antes de tudo, aprenda a usá-las para o que você precisa. Com clareza da necessidade, você estará pronto para avançar no joguinho da comunicação acelerada: aprimorar a qualidade da troca entre você e as pessoas ao seu redor. Você decide.

A comunicação acelerada cria, ao mesmo tempo, oportunidades preciosas e armadilhas perigosas. A mudança na cognição é brutal. Mesmo assim, invisível.

#Hackeando
#ComunicaçãoAcelerada

GOMO 3

A TRETA DO EXPONENCIAL

A minha vida profissional começou em 1982. Nas décadas seguintes, a tecnologia digital transformou radicalmente as carreiras. As antigas avenidas por onde fluía a informação sofreram uma aceleração inédita, com curvas inesperadas, novidades incessantes, desvios esburacados e derrapagens espetaculares. Antes coisa de nerd, a sigla TI (tecnologia da informação) invadiu empresas e profissões, alterando drasticamente o mercado de trabalho. A comunicação entre consumidores, profissionais, famílias, governos, escolas, amigos e casais foi transformada de forma implacável. Em resumo: a comunicação digital em tempo real mudou o mundo de forma exponencial. E agora, como fica minha carreira?

Como me adaptar a uma mudança constante? Como me preparar para as próximas? Vou em busca das respostas no arco da história da tecnologia da informação.

A primeira geringonça chamada de computador é de meados do século 19, uma parceria entre o engenheiro Charles Babbage e a matemática e escritora Ada Lovelace. Sim, a primeira pessoa a escrever um algoritmo de computador foi uma mulher. *Thank you, dear Lovelace*. O conceito de digital é esboçado mais tarde, em 1937, pelo inventor e engenheiro britânico Alec Reeves.[2] Na Segunda Guerra Mundial, a vitória dos aliados sobre a Alemanha nazista só foi possível graças aos achados de Alan Turing na criptografia, junto a outros tantos cientistas da computação. A primeira mensagem enviada via internet é de 1969, quando havia apenas quatro computadores conectados na primeira rede, a Arpanet. No mesmo ano, a transmissão da descida do homem na Lua marca o início da consciência de que era possível compartilharmos juntos um evento em tempo real. Na década de 1970, o computador entra nas empresas. Na década de 1980, nas casas das pessoas. Na virada da década de 1990, surge a WWW (World Wide Web), a internet com interface gráfica, amigável e com navegação por links como conhecemos hoje. 2007 é o ano-chave da disrupção na comunicação contemporânea. Surge o aparelho que conecta as inovações anteriores e cabe dentro do bolso. Smartphone é a junção das palavras inglesas *smart* e *phone* e significa "telefone inteligente", um casamento das habilidades do computador com a ubiquidade da internet. Se a mudança começou há mais de um século, por que agora parece nos pegar de surpresa?

Na vida cotidiana, as mudanças são lentas e raras. É um dia após o outro, um passo de cada vez. A conquista de hoje é resultado de um acréscimo ao trabalho de ontem, e assim por diante. Na matemática, esse tipo de crescimento contínuo e previsível é chamado de linear. Já o crescimento exponencial, como a palavra sugere, é impulsionado por uma variação no expoente. Em vez de somar, multiplica-se o valor anterior.

Um jeito simples de explicar a diferença de crescimento linear para exponencial é o do 30 passos. Quando você avança um metro a cada passo – 1, 2, 3, 4, 5, 6, 7… –, depois de 30 passos você terá andado cerca de 30 metros. É um crescimento linear. Quando você avança de forma exponencial, por exemplo, dobrando a distância a cada passo – 1, 2, 4, 8, 16, 32, 64… –, depois de 30 passos terá andado mais de meio bilhão de metros, o correspondente a mais de 13 voltas no planeta!

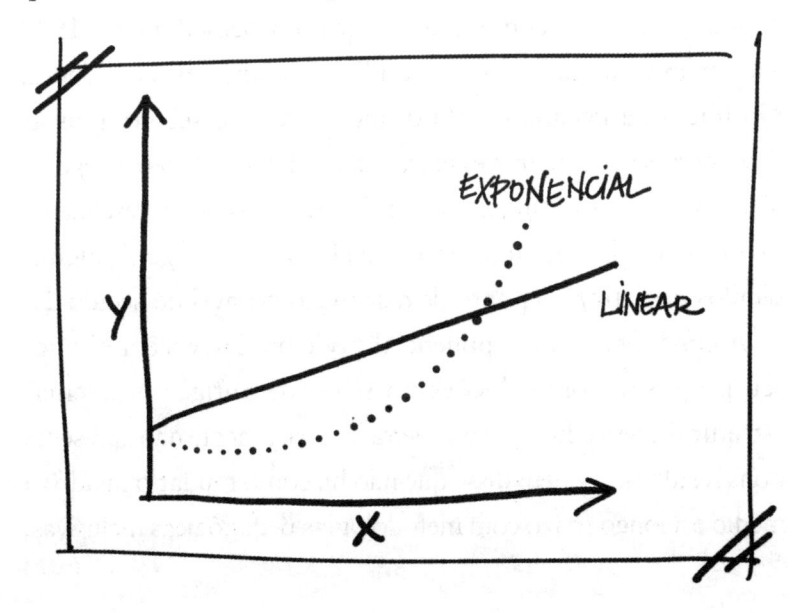

Há ainda um detalhe importante na diferença entre crescimento linear e exponencial. No início, a curva exponencial cresce abaixo da reta linear, ou seja, os valores exponenciais são inferiores aos lineares, até o momento em que os crescimentos se igualam e a curva exponencial corta a reta linear, no chamado ponto de disrupção. A partir daí, os valores exponenciais disparam, deixando o crescimento linear muito para trás, comendo poeira...

Na pandemia da covid-19 aprendemos dolorosamente o conceito de exponencial. Uma pessoa com o vírus pode contaminar de duas a dez pessoas ao redor. No início, é um crescimento silencioso. Depois fica incontrolável. Só no primeiro ano da pandemia, a população de infectados saltou de algumas dezenas para centenas de milhões de pessoas.

O conceito de exponencial vale também para as boas notícias, claro. Por exemplo, a expectativa de vida no planeta avançou muito pouco da Antiguidade até a Era Moderna, ficando em média abaixo dos 30 anos. Na segunda metade do século 19, Louis Pasteur, um dos fundadores da microbiologia, demonstrou a relação entre a higiene pessoal e a contração de doenças. No início do século 20, a industrialização e os avanços científicos reforçaram a tendência de melhoras na saúde humana. A Primeira Guerra Mundial impulsionou avanços na produção de medicamentos, como a descoberta da penicilina em 1928 e a implantação de melhores condições sanitárias nas cidades. No início da década de 1960, menos de um século após as descobertas de Pasteur, a expectativa de vida no planeta chegou a 52 anos. Em 2019, atingiu a média de 73,4 anos.[3] Um crescimento exponencial discreto, de conquistas lentas ao longo de alguns séculos que atinge o ponto de disrupção notável no século 21.

A consciência do exponencial pode ajudar você a alinhar seu propósito com soluções possíveis de antigos problemas estruturais. Se a educação brasileira historicamente não apresenta bons resultados, quem disse que não há como mudar o quadro a médio e a longo prazo com metodologias pedagógicas inclusivas, mudança de mentalidade e ferramentas tecnológicas? O mesmo raciocínio vale para os desafios relativos a energia limpa ou meio ambiente. Com a visão ampliada para crescimentos exponenciais possíveis, em horizontes mais largos e sustentáveis, você pode transformar seu idealismo em ações práticas.

A disrupção das últimas décadas alterou radicalmente processos, produtos e serviços. Empresas que subestimaram a revolução digital viram escorrer pelos dedos uma chance preciosa de acompanhar as transformações desde o início, quando o crescimento exponencial fica abaixo do crescimento linear, como sabemos. Depois da disrupção consolidada, a adaptação à nova realidade se torna uma tarefa muito mais árdua, em alguns casos até impossível.

Marcas mundialmente conhecidas simplesmente desapareceram. Um caso clássico fartamente documentado é o da Kodak, que já foi sinônimo de fotografia. Quando as primeiras câmeras digitais surgiram, a empresa líder de mercado à época preferiu continuar focada em seus produtos analógicos. Sony e Canon, entre outros competidores, investiram em pesquisa e desenvolvimento para a nova tecnologia digital. Reinventaram a técnica de produção de imagens. Detalhe importante: o primeiro protótipo de câmera digital foi construído em 1975 por um engenheiro da... Kodak! Depois de perder o bonde da fotografia digital e antes do surgimento do Facebook, outra chance preciosa de embarcar no trem-bala do digital passou batida. Em 2001, a Kodak adquiriu o site Ofoto, plataforma pioneira onde usuários podiam compartilhar imagens na internet. Parecia o despertar da empesa para tornar real seu slogan publicitário: "Compartilhe momentos, compartilhe a vida". Só que não.

O Ofoto foi tratado como uma operação externa, desarticulada dos investimentos estratégicos da companhia. A partir de 2003, surgiram MySpace, Flickr e Facebook. Em 2007, foi lançado o iPhone. O resto é história. Em 2012, a Kodak teve a falência decretada.

Há outros exemplos clássicos de desatenção às transformações exponenciais em diferentes áreas que atingiram empresas sólidas e setores inteiros da indústria: Blockbuster × Netflix; televisão tradicional × YouTube; TV a cabo × streaming; jornais e revistas × redes sociais... São exemplos do que acontece com profissionais ou empresas que, em vez de procurar entender e se adaptar aos avanços da tecnologia, preferem ignorá-los ou jogar contra. Muitas delas, ao acordar para a mudança, descobriram que era tarde demais.

Fica uma angústia difusa no peito: as mudanças vieram para ajudar ou atrapalhar? E agora: o que vem por aí? E a minha carreira, como fica? Para enxergar armadilhas e oportunidades do presente e do futuro, há que se mirar o... passado!

Em 1969, essa foto tirada da Lua pelo astronauta Neil Armstrong ofereceu aos terráqueos uma visão inédita da Terra. Para compreender melhor as transformações atuais, resultantes de mudanças exponenciais em tempo real, farei algo semelhante. Vou caminhar pela linha do tempo da comunicação, dos desenhos nas cavernas à internet, com o distanciamento de um extraterrestre.

Por que visitar marcos tão antigos da história da comunicação? Quando alguém dirige por uma estrada em alta velocidade não percebe os detalhes que garantem a segurança da viagem. São estruturas invisíveis, como a fundação subterrânea onde o asfalto se apoia, as instalações

Terra vista da superfície da Lua em 1969.
Fonte: NASA Image and Video Library

hidráulicas que facilitam o escoamento da chuva, a inclinação da pista que permite ao motorista fazer curvas sem derrapar, o posicionamento da sinalização que informa o que virá adiante... A chegada ao destino depende da articulação desse liga-pontos. De cada detalhe. Da mesma forma, para navegar bem pela gigantesca transformação trazida pela tecnologia digital, é crucial visitar as bases estruturais da comunicação exponencial. No fim da jornada, espero que a dimensão e a complexidade da mudança fiquem nítidas, para que você possa encarar a transformação com mais consciência e coragem.

Vou começar pelo começo: a escrita. Depois avançarei, com paradas em encruzilhadas dramáticas nas quais a comunicação experimenta mudanças exponenciais. O *Homo sapiens* surgiu há 250 mil anos. Nas primeiras andanças, a comunicação acontecia por grunhidos e rabiscos nas cavernas. O surgimento da escrita sinalizou o adeus à pré-história e o início da História. Pela primeira vez na comunicação entre humanos, as informações foram registradas em linguagem de códigos. Antes da escrita, eram usados apenas símbolos. Uma coisa representava a mesma coisa. A figura de um cavalo representava um cavalo, a de um pote, um pote, e assim por diante... A escrita é uma nova programação, uma nova linguagem, um novo código entre instituições e pessoas. Os sinais eram registrados em suportes diversos: pedras, ossos, couro de boi, cascas de árvore e tabletes de argila. O que diziam os rabiscos? Até o início do século 20, ou seja, até ontem, ninguém sabia.

Em 1929, o arqueólogo alemão Julius Jordan encontrou uma grande biblioteca de tabletes de argila datados de 3500 a.C. nas ruínas de Uruque, cidade-sede da civilização suméria, na Mesopotâmia. A planície fértil banhada pelos rios Tigres e

Eufrates foi o palco onde surgiram as primeiras cidades da Antiguidade, conectadas por rotas comerciais. Mais tarde, na mesma região, floresceu a civilização da Babilônia. Hoje, é onde fica o Iraque, nome derivado de Uruque, a cidade na qual o alemão encontrou os primeiros vestígios de escrita.

Junto dos tabletes de argila com mais de cinco mil anos, havia cones, esferas e cilindros de barro já presentes em escavações anteriores. O que os objetos queriam comunicar? As hipóteses eram diversas, de profecias divinas e segredos militares à livre manifestação artística. Nos anos 1970, o quebra-cabeça foi hackeado. A arqueóloga francesa Denise Schmandt-Besserat demonstrou que as peças na verdade eram usadas para a contabilidade do comércio.

Os numerais ainda não existiam. Os objetos serviam para registrar a quantidade de pães, animais, potes e outros itens comercializados. A prática era denominada "contagem por correspondência". Esse é o conceito-base do mundo analógico. Por analogia, três cones representavam três bois vendidos. Cinco esferas, cinco pães, e por aí vai. No fim do expediente, contavam-se os objetos e estava fechado o balanço do dia.

Por um tempo, o sistema funcionou bem. Depois, ficou lento e travou. Com o crescimento acelerado, Uruque recebia novos habitantes: comerciantes, sacerdotes, artesãos, trabalhadores rurais etc. A produção do campo passou a ser vendida na cidade. A economia urbana exigia maior complexidade no planejamento, na contabilidade e na tributação do comércio. O antigo sistema analógico não dava mais conta do aumento de informação circulando. Já viu esse filme, né?

Assim, a escrita nasceu para resolver uma necessidade. Em vez de objetos de contar, surgiram códigos para simbolizar as quantidades e qualidades dos itens comercializados. A escrita era uma forma de comunicação mais ágil e precisa que a contagem por correspondência. Depois de tanta especulação sobre os achados de Uruque, a arqueóloga Schmandt-Besserat demonstrou que os misteriosos rabiscos não eram profecias ou poesias, mas dados estruturados do comércio de bovinos. Os tabletes primitivos funcionavam como uma espécie de planilha de Excel a lenha. Como foram usadas cunhas de madeira para riscar a argila, o sistema ficou conhecido como escrita cuneiforme. A biblioteca desenterrada pelo alemão ganhou novo sentido com a descoberta da hacker francesa.

Com a escrita, começa a corrida civilizatória por inovação em design e matemática. Seria uma longa caminhada do mundo analógico para a nova linguagem: o mundo dos códigos. Séculos e séculos de experimentações e crescimento exponencial imperceptível. Devagar e sempre, a comunicação avançava em busca de caminhos para se tornar mais ágil. A troca de dados mais eficiente impactou os negócios e surgiram as primeiras redes sociais, milhares de anos antes do Facebook.

Por volta de 1300 a.C., uma rede de comerciantes de perfume no Oceano Índico usava tabletes com códigos mais complexos que os de Uruque. A informação ganhava mais valor e novos desafios. Imagine a tecnologia de ponta necessária para construir os tabletes de argila pesados. Imagine o desafio de usá-los por mares e estradas da Antiguidade com agilidade e segurança.

O compartilhamento de informações impulsionou o aperfeiçoamento da logística terrestre e marítima. Uma rede de rotas entre o Ocidente e o Oriente que ligavam a China ao Mar Mediterrâneo consolidava um marco histórico da aceleração no comércio, a Rota da Seda. O nome era uma referência à principal mercadoria comercializada por ali, ao lado de especiarias, porcelana, chá e metais preciosos. Além de impulsionar o comércio, a Rota da Seda foi um vetor importante de trocas culturais. Através dela, por exemplo, o budismo se espalhou da Índia até a Ásia Central, e daí até a China, onde se tornou uma das principais tradições religiosas. A teia complexa de rotas terrestres com aproximadamente 7 mil quilômetros foi retratada em *Geographia*, obra monumental do cientista grego Ptolomeu, considerado o inventor da cartografia.

Responda com sinceridade: você teria coragem de partir em viagem de trabalho à China usando um mapinha antigo desse como aplicativo de localização? Inovar envolve riscos, sempre. Para fazer algo acontecer de um jeito novo, fatalmente você terá de usar tecnologias ainda em teste. Na carreira, isso acontece com frequência. É do jogo.

Em 1995, a Fundação Roberto Marinho anunciou a criação do Telecurso 2000 com três objetivos centrais: revisar o antigo Telecurso 1º e 2º graus, atualizar a metodologia da educação à distância e abraçar as novas disciplinas dos ensinos fundamental, médio e técnico. Com o apoio da TV Globo e recursos da Federação das Indústrias do Estado de São Paulo (Fiesp), foram convocadas equipes de especialistas em educação de diversas instituições brasileiras. Fui consultado por Hugo Barreto, o produtor executivo do projeto, para a tarefa de coordenar a criação dos roteiros de TV. O nome Telecurso 2000, ano que representava o futuro para quem viveu o século 20, indicava o propósito da construção de uma metodologia de educação para as gerações que viriam a seguir. Era um desafio inédito, fascinante e assustador. Fiquei entusiasmado e com medo. Angústias, ideias e sentimentos difusos começaram a pipocar no meu peito. O medo, lembra? É sempre um sinal de que algo importante pode acontecer. Não tinha essa consciência na época, mas já tinha instalado na mente o aprendizado da engenharia: todo problema pode e deve ser fatiado em pedaços que caibam dentro da boca. Disse sim.

 Antes de encarar a vastidão de disciplinas dos ensinos fundamental, médio e profissionalizante, testamos nossas ideias iniciais em aulas-protótipo. Testar uma ideia na prática, prototipar, é um dos pilares da cultura *maker* que ajuda no desafio de criação de algo inédito. Repare. Na hora de fazer algo que você nunca fez bate uma angústia recorrente de que o seu conhecimento e experiência não serão suficientes para dar conta do recado. Confere? É normal. Nunca vamos estar 100% preparados. Aí entram os outros pilares da cultura *maker*. O desafio de criar algo inédito deve ser encarado assim: com a mão na massa, em colaboração e com sustentabilidade. Falando de outra forma, os *makers* são devotos do pensar fazendo, em equipe e sem mimimi. Em vez de lamentar a falta de recursos, você usa o que tem ao redor com criatividade e sem desperdício. Quando você convoca uma equipe a pensar dessa forma, problema e solução começam a se encontrar no palco fascinante e imprevisível da realidade.

 Já recebi convites de trabalho incomuns. Em 1999, chegou um dos mais estranhos: criar e dirigir uma ópera. A palavra ópera em latim significa obra. O compositor Richard Wagner prefere o termo em alemão: *Gesamtkunstwerk*, obra de arte total, em que música, teatro, canto, dança e artes plásticas se juntam numa obra só. O desafio era fazer a forma transbordante de arte caber no pequeno teatro do Sesc Ipiranga, em São Paulo, dentro da série "Pocket Opera".

VI FESTIVAL AMAZONAS DE ÓPERA
AMAZONAS OPERA FESTIVAL · MANAUS 2002

Marcelo Tas
Diretor Zap

SEC
Secretaria de Estado da
Cultura, Turismo e Desporto

GOVERNO DO
AMAZONAS

Apesar da minha formação no teatro e piano clássico na juventude, conhecia pouco o universo do canto lírico.

Para encarar o drama de criar uma ópera do zero, juntei parceiros do audiovisual, como o roteirista Bráulio Mantovani e o designer André Sader, com outros do novo universo, a maestrina Mara Campos, a cenógrafa Daniela Thomas e o iluminador Caetano Vilela. No espetáculo *Zap, o Resumo da Ópera*, hackeamos os 600 anos da ópera e sintetizamos a história dela em uma hora e quinze minutos. Foram usados trechos de 32 obras diferentes interpretados por dez cantores líricos, acompanhados de uma micro-orquestra de quatro músicos, um deles um cantor lírico disfarçado de violinista que recebia uma facada logo na terceira cena do espetáculo. O jovem tenor cantava o seu infortúnio, com direito a jorro de sangue colorindo a sua veste de gala com dramaticidade e humor. Era uma mistura de programa de TV, palestra e *stand-up comedy* com trechos de óperas interpretados de forma sublime por artistas com os tipos vocais da ópera: soprano, mezzo-soprano, contralto, tenor, barítono e baixo. Todas as apresentações em São Paulo aconteceram com lotação esgotada. O boca a boca espalhou o espetáculo pelo mundo lírico. Mais tarde, fomos convidados para levar *Zap, o Resumo da Ópera* para o prestigioso Festival Internacional de Óperas de Manaus. A versão pocket foi expandida para um palco gigante, com direito a coro e orquestra de 60 integrantes, elenco estelar de cantoras e cantores do Brasil e exterior que visitam anualmente o festival. *Zap* virou um mega espetáculo de rua acompanhado por mais de 20 mil pessoas com ajuda de imagens transmitidas por telões espalhados no entorno do Teatro Amazonas. Tudo só aconteceu por conta do protótipo testado alguns anos antes, com o aprendizado mão na massa, em colaboração e sem desperdício no pequeno teatro do querido Sesc Ipiranga.

No Telecurso, aconteceu coisa semelhante. Antes de partir para o grande volume de cursos a ser produzido, iniciamos os testes com as disciplinas de Português, Matemática e História. Abastecidos pelos conteúdos pedagógicos produzidos por especialistas supervisionados pela pedagoga pernambucana Vilma Guimarães, iniciamos a escrita de roteiros de quinze minutos, as chamadas teleaulas. Nas décadas anteriores, a linguagem do antigo Telecurso lançava mão de atores famosos da Globo interpretando o papel de professores. Resolvemos inverter a lógica. Para mostrar que o conhecimento está presente no dia a dia, como ensina Paulo Freire, colocamos personagens do cotidiano nas ruas para destrinchar os saberes em situações práticas da vida. Assim, uma banca de jornal de bairro era o cenário onde os roteiristas criavam situações para as aulas de Química. O personagem-âncora de Geografia era um carteiro; o de Matemática, um marceneiro e por aí vai... Com os devidos ajustes, os protótipos foram sendo aprovados. A eficiência da narrativa audiovisual foi confirmada com o resultado dos alunos que usavam o método nos primeiros exames supletivos. Aí, sim, a produção ficou livre para ganhar escala. Em poucos meses, chegaram conteúdos pedagógicos de mais duas dezenas de disciplinas para darmos conta. Cheguei a coordenar 14 roteiristas na criação do Telecurso. Cada roteiro tinha que passar por revisão e checagem técnica de consultores localizados em diferentes regiões do Brasil. Depois da peneira crítica rigorosa, o roteiro era aprovado e liberado para uma equipe de produção com mais de cem pessoas, entre diretores, técnicos, atores, diretores de arte, figurinistas etc., dentro de um galpão no bairro do Brás, em São Paulo. Finalizadas, as teleaulas faziam o caminho inverso e eram novamente avaliadas pelos professores antes de serem liberadas para exibição na TV Globo. Enfim, um trânsito robusto de informação sob exigência rigorosa de precisão no produto final: teleaulas em vídeos de 15 minutos cada.

Pressionado pela necessidade de agilizar a comunicação entre roteiristas, produtores e consultores em lugares diferentes, lancei mão de uma solução arriscada para a época: uma conexão de internet. Em 1995, ainda eram poucos os usuários e provedores de acesso à rede mundial de computadores, como era chamada a internet na época. Com Hugo Barreto, participei de uma reunião com o líder do projeto, o professor Joaquim Falcão, diretor da Fundação Roberto Marinho. Dentro do lindo casarão colonial histórico no bairro do Rio Comprido no Rio de Janeiro, apresentei a novidade: o lendário modem 14.400 bps. O equipamento permitia uma conexão via internet usando uma linha de telefone discada. Internet, modem, conexão entre computadores...?!? Em 1995, tudo isso soava como ficção científica. Para efeito de comparação, o download de um arquivo equivalente a uma foto que hoje clicamos e vemos instantaneamente no celular, no modem 14.400 bps, o melhor da época, demorava cerca de meia hora para baixar. Arquivos maiores, como vídeos ou músicas, eram baixados na madrugada para economizar os impulsos do telefone fixo e evitar que alguma ligação imprevista interrompesse a transmissão.

Depois que todo mundo entendeu o fluxo, aprendeu a usar a nova ferramenta e se engajou no novo modelo, a produção de roteiros e programas decolou. Na verdade, sem o bravo modem 14.400 bps, o Telecurso 2000 nem existiria. Lidar com novidades e correr riscos com sistemas ainda não testados sempre foi o desafio da inovação. A tarefa está presente em todas as carreiras, em qualquer época da história.

No Egito antigo, para atender necessidades da agricultura em expansão, astrônomos produziram gráficos com o rastreamento da posição do sol e dos planetas em duas dimensões: tempo e latitude celeste. Era uma forma complexa de apresentar dados sobre a alteração do clima nas estações do ano. O inédito cruzamento desses dados só se consolidaria alguns séculos depois.

A partir do século 13, os reis passaram a investir massivas quantidades de recursos em novas tecnologias para as grandes navegações. Era uma aposta no que eles consideravam a descoberta do Novo Mundo. A cartografia experimentou um crescimento exponencial. O mapa-múndi adquiriu uma forma semelhante à atual. Em Universalis Cosmographia, mapa criado pelo cartógrafo alemão Martin Waldseemüller, impresso em 1507, aparece pela primeira vez a palavra América.

Mapa criado por Martin Waldseemüller.
Fonte: Wikimedia Commons

Eu disse impresso? Aqui chegamos a uma disrupção exponencial singular na comunicação planetária. Ainda no século 15, em diferentes partes do mundo, artesãos e inventores se arriscavam a construir mecanismos para a impressão de livros e documentos usando prensas com tipos móveis. Em 1455, Johannes Gutenberg, gráfico do Império Romano-Germânico, se consagrou como o pioneiro desse feito extraordinário. Utilizando como protótipo uma prensa de fazer vinho da região onde vivia, o vale do rio Reno, na atual Alemanha, Gutenberg concluiu a primeira fornada de um livro importante: a Bíblia. Atenção: não se trata da invenção do livro. A Idade Média era povoada de livros, só que eram publicados de forma lenta, artesanal, um por um, sem qualquer sistema de escalabilidade, logística e distribuição.

A inovação de Gutenberg provocaria uma transformação exponencial na produção, na publicação e na distribuição de conteúdo. Não estamos falando apenas de um equipamento – a prensa de imprimir livros –, mas de um sistema complexo de espalhar informação de forma ágil e escalável. A qualidade-chave da impressora eram os tipos móveis esculpidos em metal que davam agilidade e precisão ao processo de parir livros com uma qualidade inédita. Desde cedo, o jovem Johannes aprendera dentro de casa a lidar com metais, tradição da família que atuava na fundição de ouro e prata.

A tiragem da primeira edição usando a nova tecnologia era composta de 180 exemplares, trabalho colossal que levou cinco anos para ser finalizado. Desse lote original, 49 volumes da Bíblia de Gutenberg resistiram ao tempo. São relíquias guardadas em bibliotecas e museus pelo mundo. Pense e me responda: as informações armazenadas no seu smartphone ou nas suas redes sociais vão durar mais de quinhentos anos como as da plataforma de comunicação de Gutenberg, datada do século 15? Duvido.

Cada uma das 1.286 páginas do livrão continha cerca de 2.500 caracteres impressos. Detalhe: talvez pelo fato de a Bíblia ser dividida em capítulos e versículos, as páginas da primeira edição histórica não foram numeradas. É uma contradição irônica. O ponto-chave da revolução de Gutenberg era justamente a indexação da informação em uma escala nunca vista até então. Hoje, toda atividade profissional depende de indexação adequada da informação para que a comunicação circule com qualidade e agilidade entre pessoas e equipes.

No Telecurso, só na década de 1990, foram produzidos exatos 1.340 programas de TV, que abraçavam disciplinas dos ensinos fundamental, médio e profissionalizante. O desafio de preparar os roteiros acolhendo a contribuição criativa das diferentes equipes de professores e redatores foi, com certeza, o maior da minha carreira.

Com os computadores ainda num estágio primário e conexões de internet frágeis, havia poucos recursos para organizar a informação. Tivemos que inventar o nosso próprio sistema de indexação dos arquivos com os roteiros e seus respectivos conteúdos pedagógicos. Procuramos algo simples e de fácil entendimento para quem chegava de paraquedas no projeto. Era uma sequência de letras e algarismos, intercalados com o sinal "underline". Ficou assim:

```
TLC _ 1G _ portugues _ rot01 _ BM _ V1
```

No início, a turma estranhou. Depois, com a prática, o modelo foi sendo aperfeiçoado e adotado por todos com confiança e boa vontade. Era um código simples de entender:
- **TLC** = Telecurso
- **1G** = primeiro grau (como era chamado o ensino fundamental na época). Usava-se ainda 2G (para ensino médio) e EP (para ensino profissionalizante)
- **portugues** = nome da disciplina
- **rot01** = roteiro da teleaula 1
- **BM** = iniciais do nome do roteirista (no exemplo, Bráulio Mantovani, profissional que virou meu braço direito no Telecurso e depois em variados projetos, como *Zap, o Resumo da Ópera* e outros aprendizados da nossa longa amizade, como o de preparar um bom espaguete à moda dos italianos)
- **V1** = Versão 1

Com esse modelo simples de indexação, cada um dos 1.340 roteiros tinha um código único. Detalhe importante: a sigla V1 – identificando a primeira versão do roteiro – era passível de atualização constante. Depois de lida pela coordenação criativa dos roteiros, era devolvida com os pedidos e sugestões de correção ao roteirista como uma V2. O roteirista devolvia uma V3, que, se ainda não estivesse satisfatória, poderia gerar uma V4, uma V5, e assim por diante, até chegar finalmente a uma VF, versão final, acordada entre o coordenador e a equipe de roteiristas. Aí a VF seguia para aprovação dos professores e consultores pedagógicos, e o aperfeiçoamento podia continuar sendo atualizado em VF2, VF3, VF4... até chegar à tão esperada VA, versão aprovada! Só com esse carimbo o roteiro seguia para a linha de produção de TV. Mesmo com todo esse cuidado, às vezes escapava algum detalhe que podia comprometer a qualidade artística, pedagógica e técnica do produto final. Nesses casos, felizmente excepcionais, os ajustes eram realizados na fase de finalização dos programas. Continuo usando e aperfeiçoando o método de indexação iniciado no Telecurso em meus projetos. Especialmente os que envolvem uma ampla diversidade de colaboradores, como no *CQC*, no Museu do Amanhã, nos cursos da Domestika ou no *Provoca* da TV Cultura.

Sem indexação adequada e precisa, uma informação incorreta pode gerar problemas gigantes. Dores de cabeça ardidas! Cuidado, na comunicação digital, acertos e erros são espalhados de forma exponencial. Trate de indexar e guardar com disciplina de mestre Jedi os seus conteúdos digitais. A indexação que move a revolução digital é similar à de Gutenberg. Foi lá no século 15 que, pela primeira vez, cientistas, comerciantes, artistas, estudantes, líderes políticos e religiosos, em diferentes partes do mundo, começaram a trocar informação mirando a mesma tela: as páginas indexadas dos livros. Antes, na Idade Média, a informação não era indexada, nem circulava. Ficava restrita a determinados círculos de poder. Depois da prensa com tipos móveis, o conhecimento passou a ser verificado, consolidado e espalhado com velocidade inédita. O número de gráficas pela Europa explodiu como cogumelos depois da chuva. A humanidade iniciava uma nova, longa e desafiadora jornada de compartilhar conhecimento. Dessa vez, em rede, em modo ágil e descentralizado. Ciência, artes, tecnologia, comércio, entre outras áreas, passaram por uma aceleração inédita. Mais tarde, o período seria chamado de Renascença.

A revolução de Gutenberg impulsionou ainda o surgimento de novas tecnologias e indústrias: papel, tinta, fusão de metais, logística... Ao fim do século 15, apenas cinco décadas depois da estreia da prensa de tipos móveis, havia gráficas em mais de 150 cidades da Europa. A publicação de livros saltou de 10 milhões de exemplares no século 15 para 1 bilhão ao fim do século 18. É o primeiro exemplo clássico de crescimento exponencial na distribuição descentralizada de informação. A inovação do nerd alemão provoca uma disrupção na linha do tempo da comunicação, dos negócios e do conhecimento. Uma mudança só comparável à chegada da internet alguns séculos mais adiante.

A tarefa atual é cada um encontrar o seu jeito de usar as ferramentas exponenciais para resolver os desafios e necessidades. Tenha coragem para testar, cair, levantar... É uma prática semelhante à dos surfistas, seres focados em encontrar o instante certo de pegar a onda. No mar, sobre a prancha, o surfista precisa se colocar plenamente no momento presente. Se remar antes da hora, a onda passa. Se não perceber a chegada dela e se atrasar para a remada, pode ser engolido pela força das águas e levar um caldo. Procure ser o surfista da sua onda. Esteja ao mesmo tempo relaxado e atento ao momento presente. Certamente, você encontrará belas chances de desenvolver suas habilidades e investir a energia da sua remada na hora certa para se mover com fluidez pelas ondas da sua história.

Procure ser o surfista da sua onda. Esteja ao mesmo tempo relaxado e atento ao momento presente.

#HackeandoSuaCarreira
#MomentoPresente

GOMO 4

VIRALIZOU!

Em 2003, o Brasil se tornou o maior exportador mundial de frango. Um dos vetores do sucesso foi o vírus da gripe aviária. O combate à pandemia incluía o abate em massa de animais em países exportadores de aves na Ásia, onde a doença surgiu. Os produtores brasileiros se beneficiaram da janela de oportunidade no mercado global.

Gripe é doença antiga. O primeiro relato é de 412 a.C., de Hipócrates, cientista grego considerado o pai da medicina. Na Era Moderna, numa das primeiras pandemias rastreadas com critérios científicos, um vírus desconhecido surgiu no Uzbequistão e dali se espalhou para o resto do mundo. Até D. Pedro II, imperador do Brasil, teria sido vítima da chamada gripe russa, em 1891, quando estava exilado em Paris. Na sequência, a gripe espanhola, de 1918, varreu 50 milhões de seres humanos da face da Terra. Acredita-se que o vírus tenha surgido nos Estados Unidos, sem divulgação na mídia para não enfraquecer as estratégias norte-americanas na Primeira Guerra Mundial. Neutra na disputa, a Espanha noticiou o fato. Até hoje o país é erroneamente confundido como o berço da praga. Depois, a humanidade enfrentou a gripe asiática, a gripe de Hong Kong, a gripe suína, entre outras.

Em dezembro de 2019, foi identificada uma nova gripe em Wuhan, na China. Antes que o SARS-CoV-2, nome científico do vírus, ficasse conhecido como "vírus chinês", os cientistas decidiram consolidar uma denominação comum para a doença: covid-19. Assim, evitou-se o erro recorrente do passado de inserir um viés preconceituoso e impreciso à origem da peste. Dados diários com os efeitos do novo coronavírus se tornaram tão frequentes na mídia quanto a previsão do tempo ou os resultados do futebol.[4]

Se o nome covid-19 atenuou os preconceitos quanto à provável origem da pandemia, não se pode dizer o mesmo da qualidade da informação contaminada por negacionismo e *fake news*. Em 2020, a Organização Mundial da Saúde (OMS) cunhou um termo para descrever a pandemia de desinformação: infodemia.[5] Informações imprecisas sobre pandemias já causaram e continuam causando danos à saúde das pessoas. Assim como os frangos não eram os transmissores da gripe aviária, também os porcos não eram os vetores diretos da gripe suína. Milhões de animais foram abatidos sem critério científico, causando desabastecimento, fome e desestabilização econômica. Populações de países que receberam nomes da doença sofreram retaliações injustas e inúteis. Na pandemia de covid-19, vidas foram perdidas pelo negacionismo e por tratamentos inócuos vendidos como eficientes. São fatos duros que mostram que o descuido com a informação na era da viralização digital pode até matar.

O fenômeno da contaminação por vírus é semelhante ao do espalhamento de informação pela internet. Não à toa, quando um tema é impulsionado por usuários da rede, se diz que ele viralizou. Vai para os *trending topics*, instantaneamente. A capacidade de transmitir informação em tempo real é característica de plataformas como Twitter, agora chamado X, YouTube, Facebook, WhatsApp, Telegram, TikTok, Twitch, Discord, Instagram, Threads... Elas permitem que uma pessoa influencie milhares de outras em poucos segundos. E, com o inédito poder de influência, vem uma enorme responsabilidade. Ainda estamos longe de saber lidar com as ferramentas da comunicação digital.

A checagem da informação, antes ofício de jornalistas e editores, passou para as mãos do cidadão comum. A tarefa não é trivial: separar fato de opinião, eliminar dados inconsistentes e assumir a reponsabilidade pelo conteúdo. Uma vez publicadas, não há como deter o espalhamento de dados contaminados. Para entender as virtudes e os efeitos colaterais da comunicação acelerada, volto à linha do tempo para olhar o fenômeno em perspectiva. Meu ponto de partida é a prensa de Gutenberg, o primeiro nó dramático de aceleração disruptiva na história da viralização da informação.

No início do século 16, mais especificamente no dia 31 de outubro de 1517, Martinho Lutero, professor de Teologia na Universidade de Wittenberg, enviou uma carta ao arcebispo Alberto de Brandemburgo, que atuava na região do Mainz, onde hoje é a Alemanha. A mensagem questionava a prática do frade dominicano Johann Tetzel de arrecadar recursos para a Igreja através das indulgências, uma espécie de boleto da época. Os certificados garantiam aos fiéis o perdão dos seus pecados mediante um pagamento financeiro. Impressos nas gráficas da região, os boletos continham campos em branco para o devoto preencher o nome e o pecado a ser cancelado. Junto à carta, Lutero anexou um documento acadêmico com argumentos numerados: as "95 teses críticas ao poder e eficiência das indulgências". Como o nome sugere, não se trata de um ataque à Igreja Católica, mas um convite ao debate sobre a prática do frade. Ou, da fraude.

Em textos curtos, semelhantes a tuítes, Lutero denunciava Tetzel usando no argumento o próprio slogan da campanha dele:

> 27. Prega uma doutrina mundana aquele que diz: "Assim que a moeda na caixa cai, do purgatório para o céu a alma vai".
> 28. Certo é que o tilintar da moeda na caixa pode aumentar o lucro e a cobiça; a atuação da Igreja, porém, deve estar alinhada apenas com a vontade de Deus.[6]

Como era tradição nesse tipo de debate, o documento foi escrito em latim e publicado na imprensa universitária. O protocolo acadêmico também pedia que o debate fosse aberto ao público, com o texto da argumentação fixado em portas de escolas, igrejas e locais de grande circulação. Assim, as 95 teses foram postadas em locais icônicos da cidade de Wittenberg. O debate esquentou. Logo a mensagem foi impressa espontaneamente em lugares diversos e formatos inusitados. Na Basileia, o conteúdo foi impresso como panfleto; em Leipzig e Nuremberg, na forma de cartaz.[7] O debate acadêmico ultrapassou os muros dos conventos e universidades numa velocidade nunca vista.

A ferramenta que causava o espalhamento inédito era a prensa de Gutenberg. Percebendo o interesse do público pelas teses de Lutero, as gráficas enxergaram uma oportunidade de negócio. Em poucos meses, cópias do manifesto pipocaram em diferentes regiões e línguas. Em menos de um ano foram realizadas 14 reimpressões com tiragem média de mil exemplares. Cada panfleto era vendido pelo equivalente ao valor de um frango. Foi um sucesso instantâneo de engajamento. Na primeira década, de 1517 a 1527, pelo menos 7 milhões de panfletos foram publicados. Em poucos meses, a mensagem se espalhou pela Europa. Depois, pelo mundo. No início do século 16, a Reforma Protestante era um exemplo de viralização em rede, um fato histórico impulsionado pela tecnologia da informação.[8]

A viralização da mensagem de Lutero de forma mecânica antecipava a tendência das redes sociais de disseminar informação de forma exponencial (no gomo anterior eu conto como surgiu a *startup* de Gutenberg). Ironicamente, o primeiro livro publicado usando a nova tecnologia (a Bíblia), os certificados de indulgência (os tais boletos para a remissão dos pecados de Tetzel) e as primeiras impressões das 95 teses de Lutero saíram das mesmas gráficas na região do Mainz, berço do protótipo de Gutenberg. Certamente, não por acaso.

Quando a Igreja Católica acordou para responder às críticas, era tarde demais. A mensagem de Lutero havia viralizado.

Para piorar as coisas para a Santa Sé, em 1559, o papa Paulo IV contra-atacou de forma desastrosa. Lançou o *Prohibitorum*, livro que continha uma lista de obras proibidas aos católicos em razão de seu conteúdo "impróprio". A tentativa de controle de informação não foi uma boa ideia. Quase nunca é. A disrupção causada pela rede descentralizada de gráficas já havia consolidado uma nova forma de acesso ao conteúdo, independente dos canais convencionais.

Antes da agilidade da prensa, na Idade Média, a disseminação de conteúdos era feita de forma lenta, através de copistas, profissionais que reproduziam à mão livros, desenhos e documentos científicos. A educação era responsabilidade da Igreja. As escolas eram anexos de catedrais e monastérios. Era uma forma de mediar o conhecimento e controlar o acesso a ele. Mesmo com a crescente quebra de tabus e democratização da informação que se seguiu na Era Moderna, o *Prohibitorum* continuou sendo publicado até 1948, quando a lista chegou à marca de 4 mil livros proibidos! Entre os autores censurados, estavam Voltaire, Gustave Flaubert, Victor Hugo e Jean-Paul Sartre. Só em 1966 a lista dos malditos foi abolida pelo papa Paulo VI. O arco do tempo finalmente deu conta de exaurir as tentativas de controle. Demora, mas quase sempre é o que acontece. Desde a prensa de Gutenberg, a prática de tentar impedir o livre fluxo de informação é um desperdício de energia.

A dificuldade de encarar mudanças não é exclusividade da Igreja Católica. É característica humana. Eu cultivo como fonte de aprendizado da comunicação a conversa de rua. Em especial, com motoristas de táxi. Numa viagem de trabalho a Belo Horizonte, o condutor reclamava com insistência da nova avenida que nos levava do aeroporto até o meu hotel. O trânsito fluía bem, o asfalto era novo e a sinalização parecia em ordem. Mesmo assim, o meu simpático interlocutor mineiro praguejava com energia contra "os absurdos" que transformaram a avenida antiga com a qual ele já estava acostumado. Lancei com cautela, como se deve fazer numa conversa em Minas Gerais, o dardo da dúvida em direção ao alvo: "Do que você não gostou na mudança, sô?". A resposta iluminou meu entendimento sobre a capacidade humana de encarar novidades: "Vou falar um trem *procê*, Marcelo: ninguém gosta de mudança, nem quando é pra melhor".

Repare: toda mudança tende a ser acolhida com paixão. É um pêndulo que oscila entre o amor e o ódio. Desliza facilmente entre a angústia, a euforia e a paralisação. Mesmo com a internet já consolidada há décadas, ainda existem empresas e profissionais apegados às antigas avenidas da comunicação. São pessoas e instituições com dificuldades de encarar a mudança. Mesmo quando ela é para melhor, como ensinou o taxista mineiro.

Se a história humana sempre foi uma montanha-russa de novidades, por que ainda temos medo de mudanças? Não é difícil entender. Mudanças geram desconfiança. Em benefício dos medrosos de plantão, há que se reconhecer: vivemos hoje a maior transformação já experimentada pela humanidade. Pense em quanto a vida mudou por conta dos meios de comunicação surgidos nos últimos cem anos: telefone, rádio, TV, fax, computador pessoal, internet, e-mail, câmeras digitais, celular, redes sociais, smartphone, inteligência artificial... Cada uma das novidades, a seu tempo, chacoalhou radicalmente as relações humanas ao longo do último século.

Convido você agora a olhar para o arco das transformações com distanciamento. Respire e perceba que existe um ponto em que todas as mudanças se encontraram: o smartphone. Lançado ainda ontem, em 2007, o equipamento que todos carregamos como parte do nosso próprio corpo, 24 horas por dia, todos os dias da semana, é uma espécie de sistema nervoso central da repentina hiperconexão. Sem exagero, somos cobaias de um novo tempo, de um novo big bang!

Em 2009, dois anos após o lançamento do primeiro smartphone, Edward O. Wilson, o célebre biólogo, um dos mais influentes cientistas do século 20, diagnosticou o drama: "O problema real da humanidade é o seguinte: temos emoções paleolíticas; instituições medievais; e tecnologias divinas. É um ponto terrivelmente perigoso que agora se aproxima de uma crise generalizada".[9]

Para enxergar melhor o tamanho do problema, vou voltar à Lua. O projeto Apollo foi pioneiro no uso de computadores para controlar etapas críticas das missões espaciais, como propulsão de foguetes e segurança dos astronautas. O Apollo Guidance Computer (AGC), o computador de bordo da Apollo 11, nave que colocou o primeiro homem na Lua, tinha um chip com 32.768 bits de memória RAM. É uma capacidade de processamento que hoje não daria conta nem das informações contidas neste capítulo do livro. O chip do AGC rodava numa frequência de 0,043 MHz, ou seja, 43 mil vezes por segundo. Hoje, os smartphones são capazes de processar dados na casa de trilhões de instruções por segundo.

É uma comparação injusta, claro. Seria como colocar lado a lado o 14-Bis de Santos Dumont e um caça supersônico atual. Em 1906, diante de mil pessoas em Paris, o 14-Bis conseguiu a proeza de se elevar a 2 metros do solo e percorrer 60 metros em sete segundos; o F-22 Raptor, avião militar norte-americano de elite, pode decolar verticalmente como um helicóptero e atingir 2.410 quilômetros por hora, ou 2,2 vezes a velocidade do som. A intenção não é comparar a capacidade de máquina, mas o acesso público à tecnologia. Para colocar o homem na Lua, um supercomputador foi instalado no Goddard Space Flight Center, o centro de controle da missão nas cercanias de Washington, capital dos Estados Unidos. O modelo 75 da IBM custou 3,5 milhões de dólares e era do tamanho de um automóvel. Atualmente, celulares que cabem no bolso e têm capacidade de processamento centenas de milhões de vezes mais rápido que os computadores que colocaram o homem na Lua estão disponíveis para o público nas gôndolas dos supermercados.

A realidade a ser encarada é o poder computacional ubíquo, aquele que está na nuvem, que fez a inteligência artificial generativa, por exemplo, ficar acessível a um simples clique no celular. Ou seja, em todo lugar. A democratização do acesso é crescente e sem volta. O processamento e o espalhamento de informação estão em crescimento exponencial. Como consequência, novas responsabilidades são colocadas para nações, empresas e cidadãos. A principal é zelar pela qualidade da informação circulando e entender que, mais do que nunca, a vida acontece em rede.

Se a crise de covid-19 devastou milhões de vidas, é importante reconhecer também que foi a pandemia combatida com mais agilidade na história humana. Menos de um ano após o surgimento do novo vírus, mais de uma centena de vacinas já estava em teste, graças à colaboração entre cientistas através de plataformas abertas como a Virologia.org. Uma troca de informação e conhecimento parecida com a que causou a Reforma Protestante. Só que em velocidade inédita.

Se você, com razão, está cansado de tanta novidade e quer esperar a coisa se acalmar para entender o que está acontecendo, saiba: esse dia nunca vai chegar. Somos a primeira geração a usar uma rede de comunicação instantânea, aberta e livre. Estamos colhendo os benefícios e efeitos colaterais de viver o fato histórico enquanto ele acontece. Diante de você está uma oportunidade de alinhar a sua carreira com o propósito de construção de uma nova sociedade. Para encarar o desafio de conviver, usar e criar novas tecnologias e negócios, é importante reconhecer os avanços com discernimento e sem preconceitos. É hora de levar em conta o valioso conhecimento dos antigos. A história é abundante em inovações que deram conta do recado. As informações estão acessíveis na rede. As novas ferramentas, mesmo as mais sofisticadas, também estão disponíveis de forma inédita. O conhecimento humano pede para ser hackeado, atualizado e aperfeiçoado. O aprendizado deve ser diário, contínuo e, o mais importante, na prática, com a mão na massa.

GOMO 5

A HORA DO ELEFANTE

Era uma vez um rei nos confins da Índia que usava sete sábios cegos para descobrir coisas que desconhecia. O grupo funcionava como uma espécie de Google ou inteligência artificial a serviço do rei.

Um dia apareceu por lá um elefante enorme, bem diferente dos paquidermes que habitavam a região. O rei convocou seus assistentes para investigar a novidade. Rapidamente, os sábios cegos se posicionaram e vieram os diagnósticos. O que tateava cuidadosamente a cauda do animal concluiu: "É uma corda". O que analisava uma das patas discordou: "É o tronco de uma árvore". O que deslizava as mãos pela barrigona falou: "É uma parede". Encantando com as orelhas de abano, outro sábio respondeu que o desconhecido objeto era um leque. Aquele que inspecionava a cabeça concluiu ser um caldeirão. Impressionado com as presas afiadas de marfim, outro ainda teve a certeza de estar diante de uma lança. O que tentava segurar a tromba inquieta do bicho discordava de todos: "É uma cobra, certamente das mais venenosas!".

Diante da cena, o rei aprendeu uma lição crucial sobre a busca pela verdade. Todos os sábios eram precisos e cuidadosos em suas análises. Só que cada um trazia apenas a própria interpretação, o seu viés da realidade. Nenhum deles trazia o resultado que importa: o elefante! O rei concluiu que receber informações fragmentadas e fora de contexto não garante o conhecimento das coisas.

Na comunicação digital, isso acontece o tempo todo. Com o volume brutal de informação disponível, você é jogado diante de múltiplas versões da realidade. São vieses que podem conduzir a erros graves de interpretação, em que a informação parcial afeta o entendimento da realidade completa.

Busque na memória a última vez que você entrou numa treta improdutiva com colegas de trabalho. Pode ser também entre amigos ou no grupo de WhatsApp da família. Escolha uma briga daquelas bem ardidas. Reconstrua a cena, o tema e as pessoas envolvidas. Agora analise com calma: o motivo era a realidade ou uma interpretação da realidade? Alguém estava disposto a abrir mão da própria opinião? O ambiente favorecia a conversa para que interpretações diversas fossem ouvidas para a construção de uma nova visão? Duvido. Independentemente do tema, numa treta inútil o objetivo da disputa é sempre a imposição de uma visão sobre outra.

Com a aceleração da comunicação, você é jogado o tempo todo no vendaval de dados desorganizados da realidade. Hoje, cada um de nós é parte de uma mudança histórica. Antes, as notícias vinham organizadas em cápsulas de tempo: a edição diária dos jornais entregues na porta das casas, as revistas semanais nas bancas e o resumo do que aconteceu "no Brasil e no mundo", apresentado por locutores com voz de veludo nos telejornais da noite. As notícias não estavam sempre disponíveis. Agora, o fluxo de informação é contínuo e aparentemente infinito. Nas redes sociais, quem antes vivia calado hoje é comentarista ativo e espalhador de informação incansável. No grupo de WhatsApp da família, minha tia virou editora e *publisher* de notícias.

Na tradição católica, São Tomé é conhecido como o apóstolo que duvidou da ressurreição de Cristo. Só acreditou no milagre depois de estar diante do profeta. Daí o dito popular "sou como São Tomé, só acredito vendo". Na era digital, a coisa se inverte. As pessoas só querem ver aquilo em que acreditam.

Há estudos que mostram que, quando queremos acreditar em algo mesmo que seja falso, não questionamos se aquilo é verdade. A pergunta que nos fazemos é: posso acreditar? Caso encontremos uma única evidência que confirme a crença, o questionamento se encerra. A diversidade de visões sobre o tema que deveria ser levada em consideração é descartada. E uma visão parcial da realidade é adotada como verdade definitiva. Por um tempo a crença em distorções da realidade conforta a mente cansada do excesso de informação. Depois o aprendizado torto da realidade pode se consolidar em pobreza de entendimento.

Imagine a treta entre os sábios cegos:

"É uma corda, só você não vê!"

"Que corda o quê? Isto é uma cobra, seu imbecil!"

"Imbecil é você, que não vê que é uma lança, e das bem afiadas!"

"Lança só se for na sua cabeça. É uma parede, seu tonto!"

"Tonto é você, vou me abanar com esse leque em homenagem à sua burrice!"

Vivemos um tipo de cegueira coletiva grave. Uma fragilidade endêmica na cognição. Diante da realidade complexa, a tentação é limitar o entendimento do mundo ao pequeno território das crenças pessoais. Você fica confortável em acreditar que está diante de um poste, uma parede ou uma cobra.

A incredulidade de São Tomé (circa 1601), de Caravaggio.
Fonte: Wikimedia Commons

E perde a oportunidade de enxergar o todo. De conhecer o elefante.

Onde não há espaço para a dúvida, não há chance de aprendizado. Quem não está disponível para perder uma discussão nunca aprende coisas novas. Aí está o papel central da educação e, em particular, do professor. Educar é mediar a colisão de ideias. Do contrário, cada um continua limitado à sua caixinha de certezas frágeis. É pura matemática. Sem abrir espaço para a dúvida não há como adicionar novos conhecimentos. A criatividade tende a zero. A capacidade de solução de problemas evapora. A falha trágica pode acontecer na reunião da empresa, no meio acadêmico, na sala de aula ou numa conversa entre amigos. É uma opção sedutora para cérebros cansados do maremoto de informação desorganizada. A tentação permanente da treta inútil, quase irresistível, é letal para a comunicação de qualidade e para a construção do conhecimento em colaboração.

Os algoritmos favorecem a cegueira coletiva. Muitos são programados de propósito para identificar e turbinar as tretas. A pressa por adotar uma versão enviesada da realidade vira uma cela. Você acaba aprisionado numa bolha de São Tomé às avessas: gente que só vê aquilo em que acredita. Cuidado, a cela é confortável. O seu crescimento profissional, o seu aprendizado e a sua saúde serão prejudicados. Você se torna escravo de um chefe quase sempre invisível na construção de uma realidade falsa. Repare: o fenômeno tem ajudado na eleição de falsos mitos pelo mundo. Quando todos pensam do mesmo jeito, a colaboração não acontece. A criatividade fica travada. Vale para governos, empresas, escolas e grupo de amigos no WhatsApp. Não há como ligar pontos de vista diversos para enxergar o elefante. Se a sua equipe não enxerga o mesmo problema, o mesmo elefante, não há como caminhar pelo problema para encontrar uma solução. Concorda?

Vamos a um exemplo prático. Os grupos de WhatsApp são uma excelente ferramenta para ganhar agilidade em tomadas de decisão em projetos desenvolvidos em equipe. No entanto, dependendo do uso, viram facilmente uma armadilha improdutiva. Sem a consciência do viés, as divergências entre as várias formas de olhar um problema, que são bem-vindas, causam distorção do entendimento. Muitas vezes os integrantes da bolha de São Tomé às avessas acabam atolados num repertório reduzido de visões contaminadas da realidade, sem flexibilidade para acolher as colaborações de todos. Tão importante quanto usar o grupo de WhatsApp para agilizar processos é saber quando não usar as plataformas virtuais, o que inclui e-mails com todas as pessoas da equipe copiadas. Já pisou nessa casca de banana? É crucial saber o momento de desacelerar e buscar outras formas, como o contato individual ou coletivo de forma presencial, para encarar o que não está funcionando bem. Sem a atenção ao viés, a qualidade da informação e a eficiência em resolver problemas ficam comprometidas.

O debate improdutivo acontece todos os dias. Não se resume às redes sociais. A distorção da realidade entre os colaboradores de grandes empresas, por exemplo, trava o desenvolvimento de produtos e serviços em escala. O alerta da contaminação por viés deve partir da liderança. A tarefa de cuidar da higiene da informação é de todos. É importante notar que viés não é doença da alma. Não é algo bom ou ruim. É uma característica dos seres humanos. Não se culpe por ter viés. Todos temos um. Para avançar, há dois desafios a serem encarados. Primeiro, ter consciência do próprio viés; segundo, ter consciência do viés do outro. Aí todos estão prontos para o mais importante: transformar viés em colaboração para a construção de algo comum. Seja um líder que faz perguntas e ouve as contribuições. Se você tem gente que sabe fazer as coisas, não pode tomar para si a tarefa de dizer como elas devem ser feitas o tempo todo. A escuta com discernimento fortalece a equipe, incrementa a criatividade e aperfeiçoa a construção de coisas relevantes.

Ter consciência do viés, desenhar colaborativamente o liga--pontos de visões eventualmente discordantes, na velocidade da comunicação instantânea, é o principal desafio que a revolução digital traz para a comunicação em geral e para a educação corporativa em particular. De novo, é preciso estar atento ao óbvio e às sutilezas do óbvio. Para um grupo de pessoas encarar um problema, é fundamental que todos estejam vendo o mesmo problema. Ou, no caso da história dos Sete Sábios Cegos, o mesmo elefante. Caso contrário, fica facinho tropeçar nas interpretações tortas da realidade. Para avançar no entendimento amplo do conceito, vou mergulhar na etimologia da palavra viés.

Ao que tudo indica, o termo "viés" entrou no português como empréstimo do francês provençal antigo *biais* vindo da Romênia, no século 13. A hipótese mais provável é de que a palavra tenha origem no latim *biaxius*, aquele que tem dois eixos.[10] Mestres da alta-costura, os artesãos franceses descobriram que o corte do tecido na diagonal dava à vestimenta uma qualidade especial. Os manuais de moda parisienses não deixam dúvida: "O corte enviesado é de importância capital para a técnica da modelagem".[11] Cortado no sentido oblíquo em relação aos eixos dos fios, o tecido atinge a flexibilidade máxima, favorecendo uma adaptação às curvaturas do corpo humano. O corte na diagonal oferece, ao mesmo tempo, conforto e elegância. Tanto em salões da alta-costura como na sala das costureiras populares, além do corte enviesado, há ainda uma outra prática que faz toda a diferença. Depois que a peça de roupa fica pronta, ela é dependurada, cuidadosamente, para que a força da gravidade atue e promova o alongamento natural das fibras, como se estivesse descansando e se descontaminando do efeito binário dos eixos rígidos do tecido. Tudo para atingir o chamado caimento perfeito.

A origem na moda facilita o entendimento do viés na comunicação. Para interpretar e transmitir informação com qualidade, é preciso recortar a percepção das coisas fora dos eixos rígidos do tecido da realidade. Ou seja, para ter uma visão ampla de um problema, você não pode ficar preso à polarização bidimensional que tensiona e dificulta o entendimento dos fatos. A realidade é multidimensional. Sem o acolhimento da diversidade de pontos de vista, que amplia o entendimento do todo, a percepção da realidade fica irremediavelmente prejudicada. A solução dos problemas é limitada por eixos tensionados por disputas tolas. Recortar na diagonal, acolhendo as curvaturas e diferenças que são parte da natureza humana, favorece a construção de uma percepção coletiva de melhor qualidade. A comunicação flui de forma menos rígida, mais flexível, mais alinhada com a natureza da vida. E dos problemas a serem encarados.

O caminho que construí para explicar o significado de viés é resultado da minha prática profissional e de conceitos que estudei ao longo da vida. Foi a melhor forma que encontrei até aqui para traduzir o meu entendimento dessa palavra. É o meu viés para explicar o que é viés.

Sem consciência do viés, não há como praticar comunicação de qualidade. Com a consciência do seu viés, você está pronto para encarar o primeiro mandamento da comunicação: comunicação não é o que eu falo, mas o que o outro escuta daquilo que falei.

Como saber o que o meu público da TV, da rádio, do jornal ou da internet ouviu daquilo que eu falei? A resposta é tão simples quanto difícil de praticar: ouvir, ouvir, ouvir... Ouvir é a chave da comunicação. É o único jeito de ver o elefante.

Daí o dito popular "sou como São Tomé, só acredito vendo". Na era digital, a coisa se inverte. As pessoas só querem ver aquilo em que acreditam.

#VerParaCrer
#HackeandoSuaCarreira

GOMO 6

OUVIR, OUVIR, OUVIR...

A televisão nasceu surda. Sua natureza é *broadcast*, termo em inglês que significa transmitir, emitir, espalhar. A palavra está no nome de batismo dos primeiros canais de TV do mundo: na Inglaterra, a British Broadcasting Corporation (BBC); nos Estados Unidos, a Columbia Broadcasting System (CBS); na Alemanha, a Deutscher Fernseh-Rundfunk, literalmente, a Emissora de TV alemã. No Brasil, até pouco tempo atrás, as empresas de televisão ainda eram chamadas de "emissoras". Algumas ainda se identificam assim de boca cheia. Desde o nascimento, a velha e boa televisão nunca viveu tamanha transformação histórica. Definitivamente, já há algum tempo, as TVs deixaram de ser apenas emissoras. Ou melhor, o público é que, como a TV, também virou emissor de informação.

Antes, o modelo de negócio da televisão era obter a máxima audiência durante a transmissão dos programas. Com a revolução digital, o comportamento do telespectador mudou, e os números no Instituto Brasileiro de Opinião Pública e Estatística (Ibope), a antiga régua de medir audiência, passaram a não dar mais conta do recado. O termo Ibope chegou a entrar para o dicionário como sinônimo de influência, reputação e status. Hoje, o instituto nem existe mais. Foi adquirido pela Kantar Media, braço de pesquisa da WPP, a maior empresa de publicidade do mundo.

A mudança de comportamento do público é um caso clássico de transformação exponencial. Há pelo menos duas décadas, o processo se iniciou de forma lenta, sem chamar a atenção. Depois, como sempre acontece nesse tipo de transformação, a mudança pareceu pegar todos de surpresa. Alguns líderes da indústria só acordaram quando o prejuízo comercial disparou o alarme. É um padrão que se repete. Só quando a mudança chega ao bolso, impactando o faturamento, é que as empresas começam a levar a sério o digital. Aí, pode ser tarde demais.

Antes da popularização da internet, as emissoras de TV não estavam interessadas em ouvir o público. Algumas ainda não estão. Insistem no modelo de emitir conteúdo de forma linear, a tal grade de programação. Esqueceram-se de perguntar ao telespectador: como você prefere ver os seus programas? Diante do quilométrico cardápio de escolhas, quem vai optar pelo menu fixo predeterminado por algum bambambã da emissora? Claro que alguns poucos, uma porcentagem em franco declínio, ainda vão se contentar com essa opção.

Mas, para a imensa maioria, grade de programação é coisa do passado.

Nos anos 1990, quando o telespectador ainda vivia calado, o comediante Renato Aragão apelidou o telespectador de "ô, da poltrona". Era uma referência a quem assistia à televisão passivamente, sentado diante do aparelho na sala de casa. Nunca me conformei com essa origem sedentária da TV.

Em 2007, recebi um telefonema da Band para participar de um novo projeto deles. Era um convite para ser o âncora e colaborar na implantação do *CQC Brasil*, versão brasileira de um formato argentino de sucesso, o *Caiga Quien Caiga*. Previsto para estrear no ano seguinte, em rede nacional, a estrutura do show seria uma mistura corajosa: humor e jornalismo.

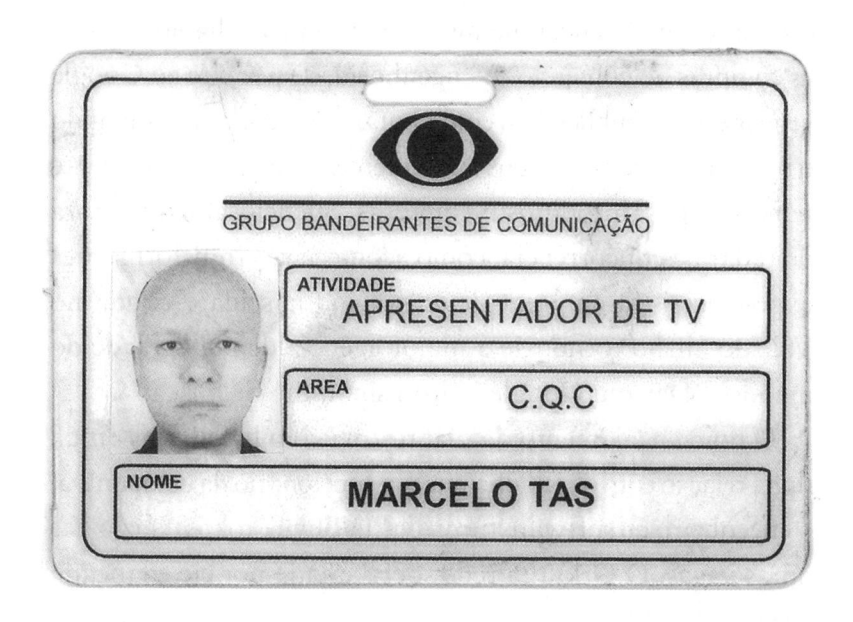

GRUPO BANDEIRANTES DE COMUNICAÇÃO

ATIVIDADE
APRESENTADOR DE TV

AREA
C.Q.C

NOME
MARCELO TAS

Na época, o Brasil ocupava, no ranking mundial da internet, o 11º lugar em número de usuários e o 7º em tempo gasto na rede. Os sites mais visitados no país eram Microsoft e Google.[12] A liderança da Microsoft se devia ao fato de o Internet Explorer – browser de navegação – e o MSN – serviço de mensagens instantâneas – virem pré-instalados na maioria dos computadores que usavam o sistema operacional da empresa fundada por Bill Gates.

O Google já havia incorporado em sua busca conceitos de inteligência artificial. Antes de todos, a empresa entendeu o uso de algoritmos para ranquear os assuntos buscados. Usando as palavras inseridas pelo próprio usuário, o líder nas buscas conseguia gerar um valor inédito aos dados rastreados. O algoritmo é capaz de tratar milhões ou mesmo bilhões de usuários como uma só pessoa. Cada um é reconhecido instantaneamente pelo sistema, rastreado em sua localização geográfica, preferências no histórico de buscas e hábitos, como as compras no comércio. A engenhosidade permite ao Google vender espaço publicitário com pontaria afiada, transformando o usuário dos seus serviços aparentemente gratuitos em cliente potencial para produtos e empresas. Silenciosamente e fora do radar da concorrência, como acontece nas transformações exponenciais, a empresa de tecnologia nascida e criada no Vale do Silício tornou-se a maior agência de publicidade do mundo. "Dar um Google" virou sinônimo de busca.

O bom engajamento da plataforma com brasileiros ainda tinha relação com o trabalho que um funcionário da companhia, o engenheiro de software turco Orkut Büyükkökten, fazia nas horas vagas. O Orkut, a rede social criada por ele e lançada sem grandes expectativas, virou fenômeno de cliques em dois países: Brasil e Índia.

Muito antes do CQC, eu já estava mergulhado nesse novo universo da comunicação. Em 2000, às vésperas das Olimpíadas de Sydney, o programa *Vitrine*, que eu apresentava na TV Cultura, foi transmitido diretamente da Austrália via internet. Na manhã de quinta-feira, dia 31 de agosto, usando uma conexão na rede, entrei ao vivo no programa que estava sendo veiculado no Brasil na quarta à noite. A transmissão só foi possível graças a um trabalho técnico árduo das equipes da Fundação Padre Anchieta e da Universidade de Tecnologia de Sydney. Em 2019, na celebração de 30 anos da World Wide Web, a nossa transmissão foi reconhecida pela Web Foundation – a instituição criada por Tim Berners-Lee, o pai da WWW, a internet de navegação gráfica – como a pioneira em transmitir TV aberta usando a "rede mundial de computadores", como era chamada a internet lá no início.

Agora, o desafio é diferente. Como criar programas de televisão para quem pode escolher como, quando e onde ver TV? Além da concorrência com as outras empresas de televisão, as emissoras ainda concorrem com o passado, o presente e o futuro. Quem produz conteúdo de humor na TV, por exemplo, enfrenta a concorrência dos arquivos de Charles Chaplin, Eddie Murphy, Seinfeld e com o tiktoker que acabou de lançar o canal dele na semana passada. Qualquer que seja a história que você for contar, o novo modelo de comunicação requer a habilidade fundamental de ouvir os ex-caladinhos das mídias antigas: TV, rádio, jornais, revistas etc.

O CQC estreou na Band às 22h15 do dia 17 de março de 2008, uma segunda-feira. As redes sociais, ainda que relativamente pequenas, já iniciavam a trajetória exponencial de fazer do mundo uma pracinha de interior onde todos se encontram para conversar. Depois, acabariam se transformando em campo de guerra. Hoje sabemos: a rede social não é uma praça pública. É um território mais parecido com um campo de guerra. Naquele início, ainda pouco contaminadas por algoritmos, as plataformas ofereceram uma oportunidade rara de uma conversa com alguma qualidade para testar a implantação do CQC com a colaboração inédita dos telespectadores. Ainda na pré-produção do projeto, iniciamos a interação com o futuro público pelo Twitter. A rede social criada na Califórnia, em 2006, como um "microblogue de 140 caracteres" foi uma das chaves do engajamento ágil do programa no Brasil. Usamos o Twitter até para testar o nome do CQC no país (*Custe o Que Custar*), antes de o programa ir para o ar.

Com duas horas ao vivo, em rede nacional, o "resumo semanal de notícias" era um prato cheio de assuntos polêmicos e engraçados para serem comentados. Quando o programa acabava, o público fazia uma curadoria espontânea do que havia visto. O conteúdo emitido na segunda-feira à noite na Band era espalhado pela semana afora nas redes sociais com comentários, memes e sugestões para o próximo programa. Tudo virava assunto na firma, na escola ou na padaria da esquina.

Para quem fazia televisão "surda" desde a década de 1980, a experiência inédita de ouvir a voz do público foi um susto. A natureza instantânea do fluxo de informação fez do Twitter a ferramenta ideal para interagir com a plateia virtual do CQC. Importante entender o contexto: tudo ainda era mato, muito antes do bilionário Elon Musk abater o passarinho azul com o X. Os algoritmos não determinavam o que você via na sua linha do tempo. Pela primeira vez na carreira de comunicador, eu podia ouvir o que o público falava em casa *enquanto* eu estava ao vivo no estúdio da Band. De forma direta, sem filtros ou intermediários. Foi um susto bom.

Não por acaso, na semana seguinte à estreia do CQC, abri o programa com as queixas dos telespectadores. A resposta das redes sociais era majoritariamente positiva. Só que havia uma parcela considerável de gente que não curtiu o movimento exagerado das câmeras doidonas pelo estúdio. Com os roteiristas, criamos uma cena de abertura para o segundo programa em que eu dava uma bronca geral nos operadores de câmera. Foi uma forma divertida de dizer duas coisas à audiência:

Estamos ouvindo vocês.
Toda colaboração é bem-vinda!

Na época, eu dizia isso de brincadeira, mas agora confirmo com alegria: o CQC foi, provavelmente, o primeiro programa nativo digital do mundo. Em pouco tempo, tínhamos mais seguidores no Twitter do que toda a mídia brasileira somada. Até hoje, o CQC é debatido nas redes com paixão e, claro, muitos ruídos.

A leitura da hashtag #CQC nos intervalos comerciais inspirava a minha condução do programa na bancada, ao lado de Marco Luque e Rafinha Bastos. Os temas e a temperatura das falas improvisadas eram influenciados pelos comentários das redes. Com o tempo, a interação com a turma da internet foi ganhando valor. Passei a estudar com disciplina de hacker o diálogo desorganizado da rede social.

A análise de dados é um campo do conhecimento que avança exponencialmente com a tecnologia. Hoje, algoritmos conseguem analisar com precisão volumes robustos de informação. Graças à inteligência artificial generativa e à expansão contínua da capacidade de processamento dos computadores, o comportamento de milhões ou até mesmo bilhões de pessoas pode ser rastreado e qualificado por empresas e governos. É uma grande ameaça à privacidade, à saúde mental e, de forma mais ampla, ao exercício pleno da cidadania. Alguns especialistas não economizam palavras para dizer que as chamadas *big techs* e as plataformas sociais são impérios construídos sobre a exploração e manipulação do comportamento dos usuários. É fato. Historicamente, o poder político e econômico sempre tenta controlar a informação e os cidadãos. Ao mesmo tempo, nunca tivemos acesso a tanta tecnologia para inovar e criar novos produtos e serviços. Quando se vive uma explosão de informação desestruturada, há algo que não muda – ou melhor, algo que se torna cada vez mais vital: fazer perguntas certeiras à montanha de dados. Para cada um de nós, é o mesmo desafio criativo desde Sócrates, na Grécia antiga.

Em 2009, o antropólogo Juliano Spyer me pediu para escrever o prefácio de um livro dele com um nome divertido: *Tudo o que você precisa saber sobre Twitter (você já aprendeu em uma mesa de bar)*.[13] A proposta era de um guia prático para empresas e pessoas curiosas sobre a nova plataforma. Juliano deve ter se sensibilizado com a bio do meu perfil no Twitter: "Digital broadcaster". Na época, já tinha mais de 350 mil seguidores.

Sem tempo para dar conta do prazo de entrega do texto exigido pelos editores do livro, propus uma experiência. Perguntaria aos meus seguidores a visão deles sobre o Twitter. Depois, faria uma pescaria das melhores respostas. Eles toparam. Disparei um tuíte com a minha definição da plataforma e convoquei a colaboração da minha rede.

> **@marcelotas**
> O Twitter é uma maquininha de cutucar corações e mentes na velocidade da luz. Com 140 toques ou menos, a imaginação é o limite. E pra vc?

O resultado da pescaria foi surpreendente, um cardume com excelentes respostas. Escrevi o prefácio com meu público no prazo combinado. O resultado me animou com a possibilidade do uso da rede para a construção de conteúdo em colaboração.

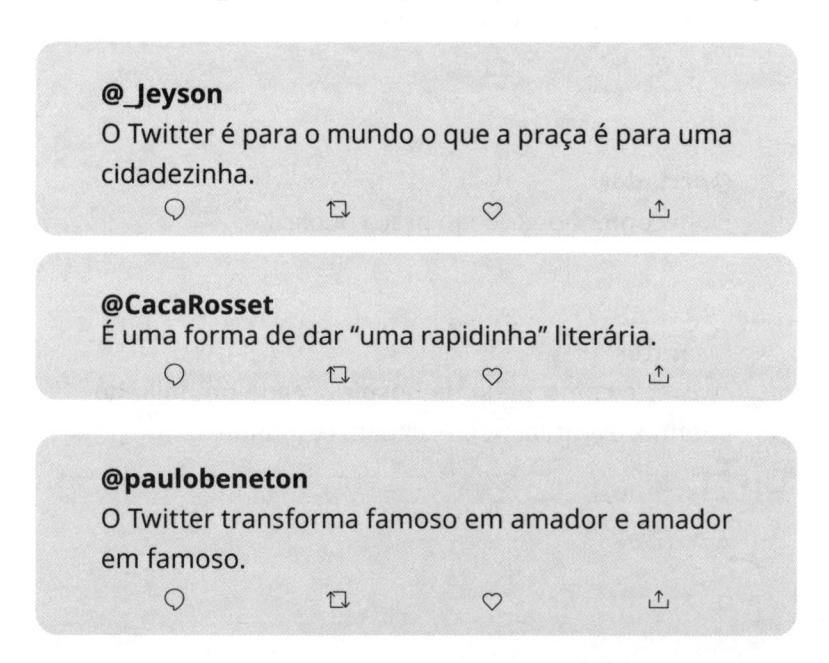

> **@_Jeyson**
> O Twitter é para o mundo o que a praça é para uma cidadezinha.

> **@CacaRosset**
> É uma forma de dar "uma rapidinha" literária.

> **@paulobeneton**
> O Twitter transforma famoso em amador e amador em famoso.

@ninascafutto
É um programa de relacionamento onde você é o assessor de imprensa de si mesmo.

@macasari
É uma prateleira de supermercado onde cada um lê o que estiver mais em conta.

@i9photoworks
É um enorme brainstorm.

@priscilazig
É um sistema nervoso coletivo.

@ocriador
É um confessionário em praça pública.

@saintbr
Twitter é como pátio de hospício, cada um falando sozinho, eventualmente alguém responde.

A experiência do *CQC* me animou a descobrir como usar a rede social para transformar viés em colaboração. Adquiri o hábito de registrar e guardar a minha conversa com os seguidores. Tirava uma print da tela do computador e organizava as respostas por temas em pastinhas. A pesquisa para este livro foi uma oportunidade preciosa de voltar aos arquivos e atualizar o aprendizado.

Para que perguntas produzam bons resultados, antes de tudo é crucial treinar os ouvidos. Ouvir requer silêncio interior. Repare. Numa conversa, a dança entre fala e silêncio é essencial para a comunicação de qualidade. Para ouvir bem, você não deve ocupar a mente com pensamentos enquanto escuta o que o outro fala. Parece óbvio, mas, como você já sabe, o óbvio e suas sutilezas são importantes. A mente é um animal arisco. Tende a ficar em zigue-zague entre um pensamento e outro durante a escuta, como uma perereca pulando sobre o asfalto quente. A cilada mais frequente é planejar o que você vai dizer antes de terminar de ouvir. É absolutamente fundamental para a boa comunicação escutar com atenção o que chega aos ouvidos antes de abrir a boca. Ouça sem julgar, como se estivesse ouvindo pela primeira vez. Não importa se é crítica, agressão ou elogio.

Como na pescaria, ouvir requer preparação. Antes de lançar o anzol na água, o pescador se prepara com antecedência e cuidado. Semanas antes, consulta a previsão do tempo, escolhe as iscas, o equipamento adequado e, sobretudo, as companhias. Uma boa pescaria depende do equilíbrio entre conversa e silêncio. Uma companhia inquieta, barulhenta, sem noção do ambiente ao redor pode acabar com o dia. A sutileza do óbvio: para uma pescaria dar certo, é necessário se preparar adequadamente para o momento do encontro com os peixes.

No CQC, desde o início, me preparei para a conversa nas redes sociais com paciência de pescador. Criei alguns rituais, como publicar na manhã do dia do programa, em primeira mão para os meus seguidores, o roteiro com as atrações da noite. Ao longo da semana, abria na agenda janelas exclusivas para ouvir o fluxo de comentários e responder a eles.

No Twitter ou em qualquer outra rede social, até hoje a pescaria cuidadosa pode render uma riqueza abundante de informação que vai muito além dos *trending topics*. Para extrair valor dos dados, é preciso ter clareza de objetivo, mira afiada nas perguntas e silêncio interior para ouvir o rio de conversas. Assim você não vai cochilar na hora de tirar os peixes da água.

O CQC me ofereceu a oportunidade de uma iniciação precoce na análise de dados. Do meu jeito, criei uma espécie de *data science* a lenha. O método informal que colaborou para a implantação do programa no Brasil pode servir para você descobrir o seu jeito de ouvir. Vale para qualquer atividade. Para extrair valor da conversa virtual com seu público – seja ele telespectador, consumidor, aluno, paciente, eleitor, leitor, ouvinte... –, é crucial se preparar bem para a pescaria. Vale para todo tipo de negócio: da padaria da esquina ao profissional liberal, da pequena à grande empresa. Com o avanço da tecnologia, há sempre novas ferramentas e metodologias para entender a experiência do cliente. É importante estar sempre se atualizando, claro. Independentemente do seu orçamento e dos avanços tecnológicos, a tarefa do pescador, antes de lançar o anzol, continua a mesma: escolher a vara de pescar

– as ferramentas digitais –, as iscas – as perguntas certas – e as companhias – os eventuais parceiros especialistas em UX (User Experience), estratégia e análise de dados. Aí é hora do silêncio, para ouvir, ouvir, ouvir... Se tudo for feito com cuidado, certamente você vai extrair resultados para fazer o que importa: se aproximar, aperfeiçoar e manter o engajamento com o seu público.

Logo de cara, a pesca nas redes sociais do *CQC* rendeu um peixão. Surpreendentemente, boa parte do público curtia ver o programa ao lado de amigos e da família. Uma prática antiga, lá da minha infância em Ituverava, quando gerações diferentes se juntavam ao redor dos primeiros aparelhos de TV para ver futebol, o homem pisar na Lua, lutas de boxe ou qualquer outra distração televisiva. O comunicador Silvio Santos até cunhou um termo para esse tipo de gente que se reunia para ver televisão juntinho: os televizinhos. Vou compartilhar alguns peixinhos do cardume que me ajudou na implantação do *CQC* no Brasil:

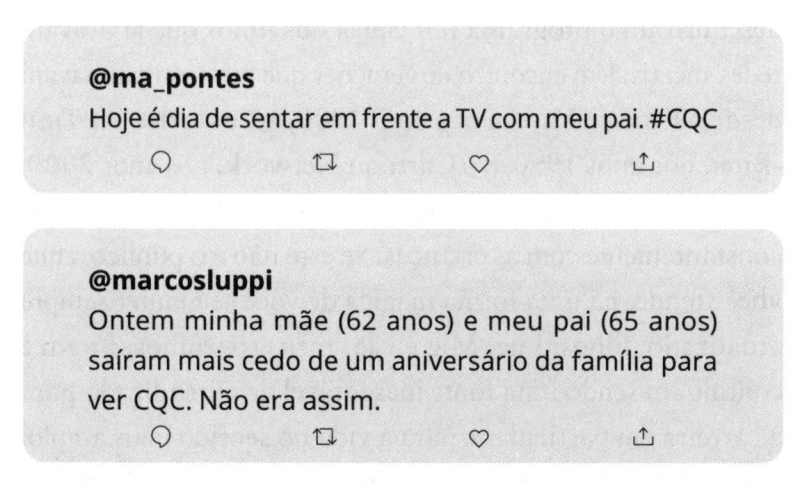

@ma_pontes
Hoje é dia de sentar em frente a TV com meu pai. #CQC

@marcosluppi
Ontem minha mãe (62 anos) e meu pai (65 anos) saíram mais cedo de um aniversário da família para ver CQC. Não era assim.

> **@lucrossi**
> Minha filha de 5 anos assiste o CQC porque é o PLANTÃO DO TAS (do Cartoon Network) para adultos rsrsrsrs

> **@ingridtelly**
> A verdade é que o CQC é um programa família. Assisto com irmã, sobrinha e mãe. Ficamos apopléticas e damos risadas gostosas.

Desenhado para atingir jovens adultos, a análise de dados a lenha mostrava que o programa alcançava gente além do público-alvo. Surpreendentemente, havia pré-adolescentes e até crianças que descobriram o *CQC* ao lado dos pais na transmissão ao vivo. Em direção oposta, havia pais que descobriram o programa por causa dos filhos que já usavam redes sociais. Um encontro de gerações que me acompanhavam desde o Ernesto Varela, nos anos 1980, até as séries *Rá-Tim-Bum*, nos anos 1990, e o Cartoon Network, nos anos 2000.

A minha carreira me abençoou com o privilégio de aprender constantemente com as crianças. Se este não é o público a que você atende, há uma forma mágica de você se manter sempre atualizado: filhos. Luc, Mig e Cla, meus três filhos, foram e continuam sendo uma fonte inesgotável de aprendizado para a carreira em particular e para a vida no sentido mais amplo. Em cada projeto que surgiu na minha frente, eu procurei incluí-los na conversa dentro de casa. Cada um é um laboratório de experiências inéditas para as minhas dúvidas mais difíceis. Os filhos nos ensinam, sobretudo, que a vida é muito mais larga que a rotina de trabalho. São generosos em ensinar que não vale a pena fazer tudo a qualquer preço. "Não precisa, papai" é uma frase marcante do Miguel, o filho do meio. Na intenção de agradar os filhos, nós, os pais, colocamos energia exagerada no planejamento de viagens inusitadas, festas mirabolantes, encontros com super-heróis desnecessários... Muitas vezes, o que eles querem é só cozinhar um espaguete em família. "Não precisa, papai" virou o meu mantra para encarar com coragem os momentos difíceis de dizer não. Sugiro com todo carinho a você: faça filhos! Sabe como, né? É uma experiência eletrizante e rejuvenescedora que não prejudica a carreira. Ao contrário, ajuda imensamente a atualizar os aprendizados.

O fato de ter filhos com idades diversas colaborou não apenas na criação de programas infantis. No *CQC*, foi fundamental para acessar informações que confirmaram a percepção de que havia adolescentes e até crianças assistindo ao programa junto aos pais. Era uma excelente notícia para a Band e para os patrocinadores do programa, só que, com a ampliação da base de público, veio uma tremenda responsabilidade. Inspirado no desafio, lancei o bordão improvável que virou marca do programa: "Este é o *CQC*, o programa da família brasileira". Diego Guebel, o criador do formato original argentino com o comunicador Mario Pergolini, me chamou para uma conversa em Buenos Aires com uma pergunta que continha uma notícia animadora: *¿Qué está pasando en Brasil?* O CEO e fundador da Cuatro Cabezas, produtora de conteúdo para América Latina, Estados Unidos e Europa, me contou que, no acompanhamento dos resultados do *CQC* em países diferentes onde o programa havia sido implantado, o Brasil se destacava. Na maioria deles, algumas metas, que levavam até cinco anos para serem conquistadas, o *CQC Brasil* atingiu em apenas um ano e meio. *¿Qué está pasando en Brasil?*, insistiu num tom divertido. Respondi sem titubear com uma única palavra: internet! Ele retrucou com uma frase que até hoje é motivo de risos entre nós: *Marcelo, todavia no hay business plan para internet.* Sim, ele estava certo. Na época, não havia plano estruturado para os negócios da comunicação na internet. O *CQC Brasil* foi pioneiro neste e em outros quesitos. *¡Que bueno!*

A prática do ouvir ajuda a calibrar o radar interno. Também ajuda a sorte a ajudar você. O olho fica treinado para identificar algo importante que passaria batido no oceano de dados. Veja o tuíte desta estudante, jovem telespectadora no início da implantação do *CQC*:

> **@SaraJones**
> Quando tenho debates de Sociologia eu vejo os vídeos do CQC e passo a saber mais de política! Kkkk Sério!

O comentário dela chamou a minha atenção para um fato absolutamente imprevisível na implantação do projeto: o professor da garota usou trechos do *CQC* como material didático. Em 2008, ano da estreia do programa, a Sociologia voltava ao currículo do ensino médio depois de quatro décadas ausente. Haveria outras escolas usando o nosso programa de humor em sala de aula? Disparei a pergunta na pescaria do Twitter e, para meu espanto, surgiu um cardume de evidências.

@Deca_RJ
Discutimos ontem um episódio do CQC na aula de Direito Penal – UERJ.

@TheAnaRamos
Estudo numa escola em Barueri, nas aulas de Sociologia estamos falando sobre política e claro de CQC.

@t_cardoso
CQC hoje é conversa em reunião na empresa, no bar da faculdade, no metrô... e claro no Twitter. Parabéns a todos, show de bola!

@Dualiby
Sou professor de Comunicação e não perco a oportunidade de usar exemplos do CQC para discutir o poder midiático.

@giferreira
Estou no terceirão e sempre discutimos o CQC na aula.

@caucorrecraft
Uso episódios do CQC na minha aula de Ética Profissional, curso de Fonoaudiologia. #professora

@renanmarcolino
Ontem discutimos o CQC no bar, bebendo mesmo.

@krngirl85Green
Nas aulas de Farmacologia, nós discutimos também sobre o CQC: qual será a substância que eles usam? Hahahahahahaha.

Desenhado como programa de entretenimento de humor para jovens, o *CQC* também era um ponto de encontro da família dentro de casa e ainda material didático na sala de aula. Que responsa, hein? Continuei a pescaria com uma pergunta simples e ingênua: o que você mais curte no *CQC*?

@GeovaneCandido
Melhor parte do CQC: política.

@dplinta
CQC na política não é diversão, é obrigação.

@jhonnestarlen
CQC revendo a história da política brasileira sem ser chato, muito bom!

@soupc
As reportagens do CQC sobre política são muito fodonas. A imprensa acreana podia pegar o exemplo, né?

@kakafarnezi
Graças a você e ao CQC comecei a prestar mais atenção na política e tenho certeza de que com muitos foi assim.

A nuvem de respostas não deixava dúvidas. Gente que não acompanhava o noticiário passou a se interessar por política por causa do CQC. Que oportunidade preciosa de atender um público curioso por informação! A essência da construção de um produto ou negócio é identificar problemas e criar soluções para atender às necessidades. As sugestões da audiência – dar conta de cumprir uma função jornalística relevante – foram levadas à direção executiva do CQC e da Band. Depois da primeira temporada de sucesso, fruto de comediantes talentosos e do formato argentino já testado em outros países, todos concordaram que fazia sentido reforçar o time de jornalistas e produtores atrás das câmeras. Foi o que aconteceu. Profissionais de revistas e jornais importantes vieram reforçar o time, que chegou a ter 40 pessoas entre a redação e a produção. Quem indicou essa necessidade foi o público, a prática da escuta.

Mesmo para profissionais experientes, os novos horizontes do negócio da comunicação nunca são claros ou exatos. O campo de possibilidades inclui situações singulares, exponenciais e imprevisíveis. Quando você ouvir algum especialista dizer que sabe tudo, desconfie. O sabichão pode estar apenas mal-informado. Na comunicação digital, não existem regras predefinidas. Participe da criação delas e siga atualizando o seu método de ouvir, analisar e agir, sempre atento às necessidades e aprendendo com o seu patrão: o público.

Os tuítes apresentados aqui são cópias dos posts que eu pesquei e arquivei no meu computador. Algumas das contas desses telespectadores não existem mais, são @s que foram alteradas ou desativadas. Mesmo assim, há muitas conversas sobre o *CQC* disponíveis na rede. É possível fazer buscas avançadas no Twitter, agora chamado X, e em outras plataformas por assuntos e períodos específicos com resultados que vão muito além da bolha dos seus seguidores. Faça um teste: é só escrever as palavras-chave na caixinha de busca, indicar um período e cruzar assuntos do seu interesse.

Um comunicador nunca tem controle do que provoca nas pessoas. Não se esqueça: comunicação não é o que você diz, mas o que o outro entendeu do que você disse. Sempre é possível aperfeiçoar a comunicação com a prática da escuta. Apresentei aqui uma das minhas metodologias de ouvir. Com o contínuo avanço da tecnologia, há sempre novas ferramentas. Você deve buscar a sua, a que cabe no seu bolso e no seu tempo. Mantenha a consciência do seu viés ativa para poder ouvir com nitidez o viés do seu público. Espero que minha prática inspire você a conhecer melhor as suas necessidades e oportunidades. Boa pescaria!

GOMO 7
ENCRUZILHADAS

Na encruzilhada, a angústia é inevitável. Ao escolher um entre os caminhos possíveis, você entra em terreno desconhecido. Antigamente, as tomadas de decisão ao longo da carreira eram raras e pontuais. Você escolhia uma profissão, ou era jogado nela, e tocava a vida. Agora, as transformações são incessantes, e as encruzilhadas acontecem o tempo todo. São quase diárias. Você deve encarar a encruzilhada como um lugar de transformar a angústia em oportunidade de ajustar a pontaria das suas escolhas e do seu coração.

Como lidar com o frio na barriga que se espalha pela alma quando você se aproxima de uma encruzilhada? Antes de tudo, é preciso reconhecer que você está nela. Não é fácil. A tendência é ficar paralisado, sem fazer nada, e esperar que a coisa se resolva sozinha. Esqueça, isso não vai acontecer.

Não há como fugir. Você é a única pessoa que pode agir, não se engane.

A encruzilhada assusta porque é um lugar de acúmulo de energias. É um encontro de potências. Um cruzamento de caminhos. Não à toa algumas religiões afro-brasileiras honram as encruzilhadas com oferendas às suas divindades, os orixás. Ao chegar a uma encruzilhada, pessoal ou profissional, reconheça e agradeça. A encruzilhada é um lugar sagrado onde mora o poder da mudança.

Steven Spielberg tem na parede do seu escritório um quadro que mostra um garoto assustado diante da decisão de pular ou não do trampolim (*Boy on High Dive*, 1947).[14] O cineasta premiado conta que o quadro representa o que acontece antes de cada filme da carreira dele. São as centenas de vezes em que ele teve que tomar a decisão se ia ou não assumir a responsabilidade de um projeto cinematográfico. É aquele instante intenso que pode durar segundos ou meses. Como exemplo, Spielberg entrega que, para encarar a bucha de fazer *A Lista de Schindler*, ficou 11 anos no trampolim antes de saltar. Se até o diretor de *E.T. O Extraterrestre* sente frio na barriga antes de tomar uma decisão, a ponto de comprar a famosa tela de Norman Rockwell para lembrá-lo da importância da encruzilhada, é porque o assunto vale a pena.

Ao longo da carreira, encarei uma quantidade monstra de encruzilhadas. De menino do interior a bolsista de cinema em Nova York; de aspirante a piloto da Força Aérea Brasileira a ator aprendiz do diretor Antunes Filho no teatro; de engenheiro da Poli a comunicador de televisão... Qualquer carreira, não só a minha, parece um liga-pontos sem sentido. Só que não. É o contrário. A diversidade de experiências é uma joia preciosa. Cada nó dramático, cada frio na barriga é parte da sua tentativa de ser quem você é.

João Athayde, meu avô paterno, tinha orgulho da sua origem de retirante nordestino. Dizia com humor gracioso ser um "baiano cansado". Saiu da Bahia em direção a São Paulo, cansou e parou em Minas. Assim, a grande família se espalhou pela região conhecida como Triângulo Mineiro, na divisa entre Minas Gerais e São Paulo. Nasci no lado paulista, na pequena cidade de Ituverava, às margens da rodovia Anhanguera, que na época estava em expansão para ligar São Paulo a Brasília. A nova capital do país seria inaugurada no ano seguinte.

Minha infância se deu entre a cidade e a roça. Depois de décadas ralando duro, vô João, um analfabeto autodidata, tinha adquirido um pedaço de terra na fazenda onde entrou como carroceiro e se tornou administrador. Ainda criança, virei assistente dele na labuta diária para cuidar das vacas leiteiras, das galinhas chocadeiras e das lavouras de algodão, milho e arroz – um cultivo diversificado que buscava substituir a monocultura cafeeira que predominava até então.

Esta foi a primeira encruzilhada da minha vida: roça ou cidade? Mesmo pequena, Ituverava era abundante em atrações urbanas, como o imenso Cine Regina, que também ficava ao lado da melhor sorveteria da cidade. Desde pequeno, fui frequentador assíduo de cinema com a turma da escola e as primeiras namoradinhas, com direito na saída da sessão à deliciosa vaca-preta, mistura refrescante de sorvete de ameixa banhado por Coca-Cola. A cidade pequena me dava autonomia para brincar na rua, sem supervisão de adultos. Filho de professores de escola pública, tinha acesso a livros e revistas dentro de casa. Aprendi a ler antes de ir para a escola com a Turma da Mônica e os gibis do Batman. Aos 6 anos, fui matriculado no Conservatório Musical Santa Cecília por minha mãe, dona Shirlei, que era violinista e regente do coral da escola, chamado de orfeão. Agradeço a ela o contato precoce com Mozart, Chopin e Villa-Lobos, mesmo que muitas vezes tenha sofrido com a angústia da encruzilhada: futebol no campinho ou lições de piano clássico?

Já a roça era um planeta completamente diferente. Sem eletricidade e os pequenos luxos urbanos, encontrei por lá uma conexão banda larga com a natureza e a riquíssima cultura caipira. Parte fundamental da minha formação tem a ver com o aprendizado de cuidar de plantas, amolar facas de corte, domar cavalo chucro, dirigir trator, tirar leite e ajudar vacas a parir. Aprendi cedo e na prática a encarar imprevistos, como um bezerro atolado no brejo, um cavalo que escapou do pasto ou uma cobra no meio do caminho. Meus mestres foram peões e gente humilde da fazenda. Todos supervisionados, com firmeza e doçura, por vô João, o baiano caipira que de cansado não tinha nada. No fechamento dos dias intensos, ainda havia histórias de assombração na cozinha escura à luz de lamparina. Tudo ia bem na minha vida dupla roça × cidade. Aí chegou a... encruzilhada!

Todo verão, a grande família fazia uma viagem sagrada para encontrar o mar em Santos, com direito a uma parada na gigantesca capital paulista. Ao me aproximar dos 15 anos e do ensino médio, comecei a perceber que o mundão lá fora era muito maior que o meu mundinho. Meu coração pré-juvenil sentia necessidade de voar. Como Ituverava fica às margens da rodovia Anhanguera, aparentemente havia duas opções: seguir para a capital do estado ou para o interior ainda mais profundo, em direção às novas fronteiras agrícolas que começavam a ser ocupadas de Goiás adiante.

Vô João tentou de todas as maneiras me convencer de que o futuro estava no planalto central, onde "tudo estava para ser construído". Talvez ele tivesse razão. Só que, pela primeira vez, juntei toda a coragem e a autonomia disponíveis dentro do peito para não seguir o conselho dele. Encontrei uma terceira via inesperada fora dos eixos terrestres, pelo céu. Na hora do recreio na escola, um colega apareceu com um folheto para o vestibular da Escola Preparatória de Cadetes do Ar (EPCAR), uma instituição de ensino médio que é uma das portas de entrada para quem deseja ser aviador da Força Aérea Brasileira. Nunca havia sonhado com a carreira militar, mas percebi ali uma opção diversa da equação linear que limitava a minha escolha: capital ou interior? Foi uma decisão duríssima sair de casa aos 15 anos. Na despedida, pressionado pela angústia que vi nos olhos do meu pai, o doutor Ézio, cheguei a propor a desistência da aventura. Mesmo contrariado, Ézio apoiou com firmeza a minha decisão. Decolei de São Paulo, literalmente, num C-47, aeronave que transportava tropas durante a Segunda Guerra Mundial, rumo à nova fase do joguinho. Era a hora de partir.

Na EPCAR, ganhei nova identidade. Virei o aluno Athayde 75/144. É uma junção do chamado "nome de guerra" ao ano de entrada na escola e à colocação no exame de admissão. Entrei em 144º lugar entre os 373 jovens que passaram no vestibular com matérias do ensino fundamental, provas de desempenho físico e teste psicotécnico. No primeiro e no segundo ano da escola, morávamos todos num mesmo alojamento, gigantesco. No terceiro e último ano, os futuros cadetes da FAB ocupavam apartamentos com oito camas. Éramos jovens de todas as raças, classes sociais e regiões do Brasil. Um autêntico laboratório de diversidade. Nas asas da FAB, voei pela Amazônia e outros territórios onde nunca sonhei em colocar os pés. Também tive um contato profundo com a minha solidão.

AL75/144 ATHAYDE

A escola militar ocupa uma área equivalente a uma pequena fazenda dentro de Barbacena, cidade mineira próxima da divisa com o Rio de Janeiro, numa encosta alta e gelada da Serra da Mantiqueira. Minha ligação com a grande família na agora distante Ituverava ficou frágil e escassa. As ligações eram intermediadas por telefonistas e levavam horas para serem completadas. Numa noite fria, após sair da cabine onde havia conversado longamente com meus pais, olhei para cima e o céu limpo de inverno de Barbacena desabou sobre minha cabeça. Foi um choro abundante e bem chorado. Sofrido e cheio de aprendizado. Senti o peso de ser um homem só, uma bactéria perdida no universo infinito.

Paradoxalmente, durante esses quase três anos de vida militar, em plena ditadura, encontrei informações a que nunca teria acesso na vida civil de Ituverava. Dentro do quartel, um colega de farda me apresentou ao semanário de humor carioca O *Pasquim*, que ironizava o autoritarismo e os "bons costumes". Na biblioteca, me encantei por Aluísio Azevedo, autor abolicionista que denunciava o preconceito racial. Devorei tudo do escritor e jornalista maranhense de *O cortiço*, um dos primeiros romances brasileiros a abordar a homossexualidade (ainda que de maneira negativa) e a miséria urbana, bem como livros pouco conhecidos dele, como o sentimental *Uma lágrima de mulher*. Na EPCAR, pude hackear uma biblioteca farta, bem mais ampla que as de Ituverava, e mergulhar na riqueza da diversidade cultural brasileira. Para celebrar a passagem por BQ, sigla que os aviadores usam para se referir à cidade de Barbacena, a Turma 75 compôs uma paródia para "Aquarela brasileira", de Martinho da Vila. Cantávamos o samba a plenos pulmões regidos por ninguém menos que Arlindo Cruz. Sim, o sambista era o aluno Cruz, 75/076, meu colega de turma. Pela proximidade geográfica e afetiva, passei a frequentar a vida cultural e boêmia entre Rio e São Paulo.

Além das disciplinas comuns do ensino médio, a grade curricular da EPCAR incluía matérias extras: francês, filosofia, datilografia, geotécnica, mecânica de motores e treinamento com pistolas e metralhadoras. As exigências de estudos, condicionamento físico, saúde e disciplina eram rigorosas. Quem passasse pelo funil estreito e exigente de três anos em BQ seguia direto para o próximo nível do joguinho: o treinamento para virar piloto de caça na Academia da Força Aérea (AFA) em Pirassununga, interior de São Paulo. Eu estava no terceiro e último ano da escola. Tinha boas notas e saúde nos trinques. A AFA ficava a duas horas de carro de Ituverava. Parecia o final feliz de uma carreira perfeita e planejada. Só que não. Nova encruzilhada!

Tive que aceitar o fato de que minha alma inquieta e questionadora não se alinhava com os protocolos da vida militar de futuro cadete da Aeronáutica. Nas férias de julho, às vésperas de completar o curso, com o apoio dos meus pais, tomei a difícil decisão de abrir mão da honraria de servir ao país como piloto da FAB. Constrangido, voltei à escola para comunicar o pedido de desligamento ao comandante do CA, o Corpo de Alunos. Coronel Sampaio era um carioca boa-praça, gozador, com um bigodinho fino sobre os lábios, nitidamente inspirado no de Clark Gable. Dele, já havia recebido um precioso ensinamento: pescoço mole! Segundo Sampaio, durante o voo, especialmente em momentos desafiadores, como nas turbulências atmosféricas, o aviador deve manter o pescoço relaxado. O "pescoço mole", ensinava o coronel, ajuda o aviador a acalmar a mente em momentos críticos e impede que a turbulência externa produza uma turbulência interna que comprometa a tomada de decisões com qualidade. Respirei fundo, entrei na sala do Comando do CA, apresentei-me ao Coronel e antes de terminar a primeira frase com as minhas justificativas previamente ensaiadas para o desligamento da escola, Sampaio me interrompeu: "Um quatro quatro, você vai ter que desenrolar esse lero-lero com o comandante da escola".

O brigadeiro Godofredo Pereira dos Passos tinha estatura baixa, semblante sereno e gestos suaves que me lembravam o mestre Yoda. Nas internas, a turma 75 o tratava carinhosamente por Godô. Foi um dos momentos mais difíceis da minha existência. Suando frio dentro da farda, apresentei meus argumentos desajeitados ao mestre Yoda dos ares. Depois de um silêncio torturante, o velhinho simpático disparou à queima-roupa: "Meu filho, sabe quanto o Brasil já investiu em você aqui na EPCAR?".

Em 1977, o país vivia uma crise econômica aguda, com a inflação passando de dois para três dígitos ao mês. Eu não tinha a menor ideia do que dizer. Da boca de Godô, saltou um número gigante, uma montanha de dinheiro público esmagando a minha pessoa. Um silêncio paralisante congelou nossos olhares. Reuni toda a coragem disponível e respondi: "Excelência, tenha certeza de que farei o possível e o impossível para que cada centavo não tenha sido gasto em vão". Bati continência e saí da sala.

Agradeço ao brigadeiro Godofredo por oferecer, na hora da minha partida, mais um tremendo aprendizado na EPCAR. Até hoje, devolver para a sociedade o investimento público na minha educação é algo que dá sentido à minha carreira. Desde criança, sempre estudei em escola pública, e no ensino superior não foi diferente. No ano seguinte à minha saída da EPCAR, iria cursar a Poli, mais uma instituição pública de excelência no zigue-zague do meu *curriculum vitae.*

Na encruzilhada do vestibular, a minha escolha não mirava apenas a Engenharia, mas também viver em São Paulo. Para mim, a cidade sempre representou um encontro de vários caminhos possíveis. O acesso a cinemas e ao teatro, as ruas cheias de gente, os jornais, as ondas eletromagnéticas com programação farta nas rádios e TVs aguçavam meu apetite por uma vida que eu ainda não tinha a menor ideia de qual seria. Um jorro de experiências iniciáticas para o garoto caipira vindo da Aeronáutica que caía de paraquedas direto no coração da metrópole.

FICHA DE IDENTIDADE Nº 51299

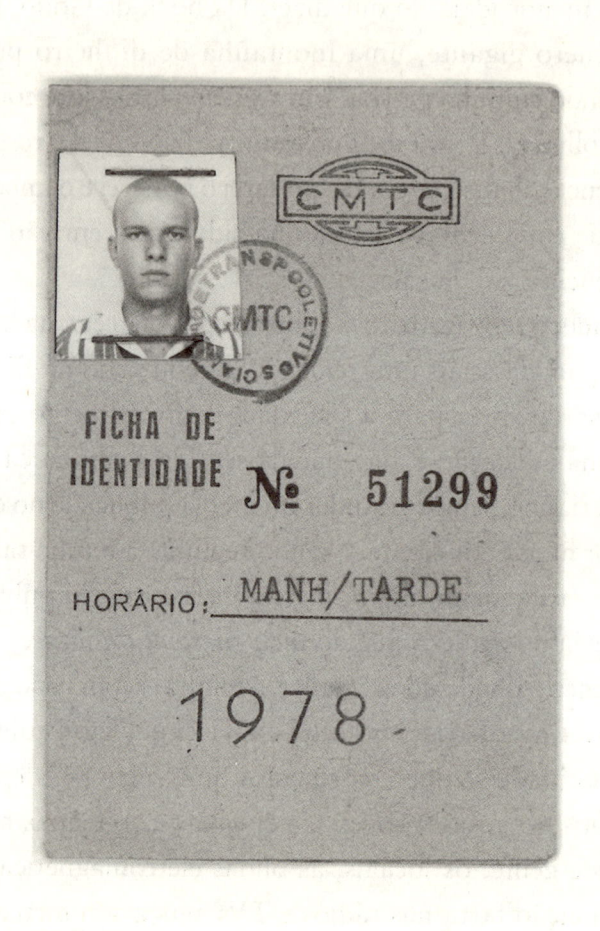

HORÁRIO: MANH/TARDE

1978

```
┌─────────────────────────────────────────┐
│  USP              ┌─NÚMERO─┐            │
│                   │ 8106181 │            │
│          ─NOME─                         │
│  │ MARCELO TRISTAO ATHAYDE DE SOUZA │   │
│          ─UNIDADE─                      │
│  │ 03 ESCOLA POLITECNICA │              │
│     ─CATEGORIA─      ─VALIDADE─         │
│  │ ALUNO │          │ FEV 1979 │        │
└─────────────────────────────────────────┘
```

    Ainda me adaptando à vida civil, assisti pela primeira vez a uma peça de teatro de verdade: *Escuta, Zé!*, adaptação feita pela bailarina e coreógrafa Marilena Ansaldi da obra *Listen, Little Man!*, do sexólogo, biólogo e físico austríaco-americano Wilhelm Reich, figura radical da psiquiatria. O teatro estava com lotação esgotada. Sentei no chão, a poucos metros do palco. A peça mal começou e eu entrei em transe. A trupe de atores e atrizes aparecia nua na maioria das cenas. Falavam coisas que eu pensava, mas nunca tinha tido coragem de dizer. Na saída, com o coração aos pulos, caminhando com meus amigos paulistanos pela penumbra do longo corredor do Teatro Ruth Escobar em direção às cantinas do bairro do Bixiga, em silêncio combinei uma coisa comigo mesmo: *depois dessa, não dá para levar uma vida bunda mole.* O teatro me provocava a ser uma outra pessoa. Qual? Ainda não sabia. Fui atrás de descobrir.

Passei a frequentar cursos de teatro e aulas de "expressão corporal", como se dizia na época. Grandes mestres da área ofereciam cursos na cidade, entre eles Klauss Vianna, Ruth Rachou, Marika Gidali, Renée Gumiel e Maria Duschenes. Gerações de atores, bailarinos e coreógrafos foram iniciadas por eles na carreira artística. Profissionais de outras áreas também frequentavam esses cursos simplesmente para se conhecer melhor através da dança. Era o meu caso. Nas horas vagas da faculdade, me iniciei e me encantei na prática de expressão corporal com Regina Faria, discípula de dona Maria Duschenes, mestra nascida na Hungria com uma contribuição imensurável para a história da dança no Brasil. Foi o início de uma busca de conhecer a mim mesmo através da arte do movimento. Descobri sobretudo que a cabeça faz parte do corpo. Ou melhor dizendo, que para conhecermos o mundo devemos usar todo o corpo, não só a cabeça. A consciência de que somos formados por um tecido com feixes de músculos, ligamentos, fáscias... que formam uma rede que liga órgãos, ossos e uma alma inquieta. Aprender e praticar a integridade do corpo é tarefa para uma vida inteira. Olhando com distanciamento para o arco de práticas do corpo que pratiquei – tai chi chuan, dança, hatha yoga, RPG, gyrotonic –, percebo como cada um desses saberes foi essencial para o liga-pontos que me levou adiante.

Na Poli, apesar do meu apreço pela engenharia, o estudo de como as coisas funcionam, comecei a me sentir um peixe fora d'água. Éramos seiscentos calouros, a maioria homens brancos e amarelos, todos de cabeça raspada e agrupados por ordem alfabética. Na minha turma de 40 alunos, só havia Marcelos e uma solitária Márcia. De sacanagem, os veteranos enfiavam a cabeça na porta da sala e chamavam: "Marcelo!". As cabeças peladas se viravam em sincronia e eles caíam na gargalhada. Me senti num mosteiro nerd zen-budista em busca de uma nova identidade. Um dia encontrei.

Na virada da década de 1970 para 1980, o movimento estudantil pipocava forte pelo *campus* da USP. A Poli era um palco importante da disputa feroz entre a esquerda e a direita. Não me identificava com nenhuma delas, mas com a irreverência do *Cê-viu?*, um jornalzinho anarquista publicado pelo Centro de Engenharia Civil (CEC), que criticava ambos os lados do espectro político com liberdade e humor. Passei a seguir pelos corredores da faculdade os integrantes da turma que editavam o jornal, como se caminhar atrás de Mick Jagger e Keith Richards melhorasse as minhas chances de tocar com os Rolling Stones. Depois de algumas tentativas frustradas, finalmente consegui publicar meu primeiro texto no jornal, uma poesia um tanto hippie.

POLÍTICA

**Não dá para mudar o mundo.
Resta aos poetas ir passeando
esbarrando
e sujando as pessoas de pólen.**

**Amarelo-claro
Brilhante.
Marcelo Tas, 1982**

Era a primeira vez eu me expressava publicamente. Era a consolidação de uma transição de identidade. Do longo nome de batismo, passando pelo nome de guerra na EPCAR, para uma nova forma de expressar minha individualidade. Virei Marcelo Tas. Depois de tanta encruzilhada, era uma alegria indescritível ver meu novo nome estampado no tabloide lido em todo o *campus*. Senti mais firmeza e tranquilidade para navegar na turbulência da mudança. Pescoço mole que fala, né, coronel Sampaio?

Meu campo de visão se ampliou. Comecei a enxergar coisas óbvias antes ocultas, como o fato de que a poucos metros do prédio onde estudava Engenharia havia uma faculdade de Comunicação, a Escola de Comunicações e Artes (ECA). Encarei novo vestibular e passei a cursar ambas simultaneamente. Engenharia de dia, Comunicação Social à noite, mantendo ainda as outras atividades extracurriculares: cursos de teatro, aulas de expressão corporal, festas universitárias, shows de Hermeto Pascoal, Arrigo Barnabé, Itamar Assumpção e Jorge Mautner. O *campus* da Universidade de São Paulo virou minha casa e laboratório de vida. Tudo ao mesmo tempo agora, como diz a letra do Titãs.

Mesmo sem ter ainda a menor ideia do que iria ser quando crescer, o mundo parecia girar com mais sentido, intensidade e alegria. No curso de teatro, um instrutor me provocou perguntando se eu de fato pretendia ser ator. Fiquei sem saber o que responder, mas me interessei pela dúvida. Marcelo Peixoto, o professor do Teatro Escola Macunaíma, me contou de um teste para um comercial de TV. "Se você se candidatar, vai pegar o filme", disse com suavidade. Era coisa grande, propaganda do sorvete Kibon com Lídia Brondi, a atriz do momento nas novelas da Globo. Não deu outra. Com direito a uma mísera frase e escassos segundos, de uma hora para outra, todo mundo me viu na televisão: a grande família em Ituverava, os amigos das férias em Santos, os milicos da Aeronáutica, os engenheiros da Poli, os comunicólogos da ECA, a turma do *Cê-viu?*, os colegas da expressão corporal e até os caipiras lá do fundão da roça. Um deles, para explicar como de repente todo mundo dizia me conhecer, resumiu bem o fenômeno da fama repentina: "Quem aparece na televisão fica mais conhecido que farinha!".

A sabedoria popular usa lâmina afiada para recortar a realidade. A ilusão de "ficar famoso" estava ali escancarada com precisão cirúrgica. Ao colocar a cara na TV, mesmo que por apenas trinta segundos no comercial de sorvete, me senti exatamente assim: um saco de farinha na porta do mercadinho de vaidades à disposição da aprovação ou rejeição do freguês. É uma sensação inebriante de potência, de inchaço no ego, que também dá um medo lascado. É parecido com estar de passageiro, sem poder fazer nada, num caminhão desgovernado que perde o freio na ladeira. Para onde a inércia da fama repentina iria me levar? Como um engenheiro, calculei: para ser verdadeiramente ator do meu destino, tenho que fortalecer as minhas fundações. A necessidade me levou a uma nova... encruzilhada!

Em 1981, Antunes Filho, o diretor de *Macunaíma*, peça baseada na obra de Mário de Andrade, o espetáculo mais fascinante de teatro que eu havia visto até então, anunciou testes para o Centro de Pesquisa Teatral (CPT) que ele iria coordenar no Sesc Consolação, em São Paulo. Não me sentia à altura do desafio, mas resolvi arriscar. Abusado, escolhi uma cena de *Hamlet* para o teste diante do meu ídolo no palco do Teatro Anchieta. Com grunhidos e humor característicos, Antunes vociferou que estava "uma merda", mas que ia me dar uma chance. "Quem sabe, garoto, você tenha algo a oferecer ao grupo", disse o bruxo.

A experiência do CPT foi absolutamente transformadora. Personalidade fascinante, imprevisível, agressiva e generosa ao mesmo tempo, Antunes Filho exigia dos atores nada menos que 100%, uma disciplina só comparável à minha antiga vida militar. Durante um ano, literalmente, sem feriados ou fins de semana, me dediquei integralmente ao teatro. Abandonei a vida múltipla de Poli, ECA, jornalzinho, cursos de teatro, festas de arromba etc. para me dedicar ao retiro de pesquisa teatral com o Magrão, apelido carinhoso do grupo para o mestre.

O primeiro dia no CPT foi marcado pelo encontro dos novatos com os atores veteranos do grupo Macunaíma, que voltavam de uma temporada triunfal pela Europa apresentando os espetáculos *Macunaíma* e *Nelson Rodrigues – O eterno retorno*. A nova rotina incluía ensaios para adaptações antunianas de *Romeu e Julieta*, de Shakespeare, e *A pedra do reino*, de Ariano Suassuna. Para fortalecer a musculatura intelectual e física dos atores, Antunes promovia uma série de estudos e práticas diversas, que iam de leituras de filosofia à dança butô, da pintura ao cinema e à literatura, da antropologia a uma técnica corporal inventada por ele chamada de "Desequilíbrio".[15] Descontente com o padrão cristalizado com que atores se expressavam no palco, Magrão tinha a ambição de quebrar os estereótipos de atuação dramática dos atores, novatos ou veteranos.

O exercício é tão simples quanto difícil de executar. O ator deve usar a força da gravidade para se deslocar pelo palco, sem deixar que tensões acionem desnecessariamente os músculos. Parecia fácil. Os dias passavam e ninguém no grupo conseguia fazer o exercício, o que deixava Antunes muito irritado. Um dia, do nada, eu fiz o danado do "Desequilíbrio" exatamente como o mestre fazia. Incrédulo, Magrão mandou: "Faz de novo, garoto, deve ter sido sem querer". Eu havia hackeado a técnica. Eis o meu resumo do algoritmo:

Aquiete a mente, levando a atenção para a respiração.

Perceba o seu eixo vertical.

Deixe o corpo se inclinar para a frente, sem tentar impedir o desequilíbrio.

Sinta os vetores de força que surgem com o deslocamento do centro de gravidade em relação ao chão e surfe a onda invisível que vai te levar adiante.

Perceba que o centro de comando do movimento é o diafragma, músculo responsável pela respiração. Ele está localizado estrategicamente no centro do seu corpo, separando a cavidade abdominal do tórax, conectando os órgãos vitais à coluna vertebral.

Use com economia e gentileza a força dos músculos. Apenas a dose necessária para não cair ou causar turbulências no fluxo do movimento.

Para finalizar, leve o centro de gravidade na direção contrária ao deslocamento, inclinando o corpo para trás. Perceba os vetores de força freando o movimento com suavidade até a posição de repouso inicial, no eixo vertical.

O complicado ficou simples. Não é uma grande ironia? Para nos movimentarmos, devemos nos desequilibrar. O movimento natural do corpo é alimentado por uma força da natureza, a gravidade. Assim, os músculos ficam livres para se expressar plenamente na comédia ou no drama, na dose certa. Antunes urrava em êxtase. A pedido dele, fiz uma, duas, três vezes o exercício diante do grupo. Poderia fazer infinitas vezes. Depois que se aprende, é como andar de bicicleta. Não se esquece mais. É só se colocar no lugar de um surfista pegando a onda da gravidade com gasto mínimo de energia para se deslocar pela imensidão do palco. É uma liberdade e um prazer imensos. "Ok, ok, pode parar! A partir de agora você é o professor de 'Desequilíbrio' do CPT", disse Antunes, superanimado.

A honrosa tarefa me colocou no patamar de "assistente" de Antunes, cargo que ele distribuía com cautela aos colaboradores mais próximos. A função pedagógica de ensinar o desequilíbrio me levou a aprofundar o que aprendi.

Além do elenco, artistas do Brasil e do exterior em visita ao CPT eram convidados a conhecer na prática o método. Foi uma chance rara de conviver com virtudes e fragilidades de atores excepcionais. Era um alívio constatar que mesmo grandes artistas têm dificuldade diante do novo. São vulneráveis como qualquer pessoa. Conhecendo melhor a vulnerabilidade deles, e sobretudo a minha própria, ganhei mais confiança em mim mesmo. Consegui honrar o cargo de professor de "Desequilíbrio" e ajudar seres especiais a serem melhores atores e atrizes. O principal obstáculo é sempre o medo de não conseguir fazer o exercício. De novo, olha ele aí: o medo!

Para sair do lugar, há que se abrir mão da estabilidade. É o contrário do que aprendemos, não é mesmo? Geralmente, as escolhas que fazemos, como a da carreira, buscam justamente a estabilidade. Só que a carreira se desenvolve por meio de desequilíbrios. A vida também é um desequilíbrio constante, com células nascendo, morrendo e renascendo sem parar. A tarefa é aprender a se deslocar usando a energia disponível ao redor. Sem desperdício, sem criar tensões desnecessárias. No palco do teatro, consegui visualizar os vetores naturais de força que aprendi na Engenharia. Como se deslocar do ponto A para o ponto B sem apelar para a força bruta ou recursos artificiais? Tem que usar o desequilíbrio. De novo, pescoço mole!

Com Antunes Filho fiz descobertas transformadoras que me levaram a uma nova... você já sabe: encruzilhada! Dessa vez, a última da temporada. Um dia o CPT recebeu a visita de integrantes da Olhar Eletrônico Vídeo, produtora de jovens artistas do audiovisual à procura de atores para seus vídeos experimentais. A palavra vídeo não existia no dicionário da época. No início dos anos 1980, o audiovisual se dividia entre a turma do cinema e a turma da televisão. Ambas se mantinham a uma distância protocolar uma da outra, praticamente inimigos cordiais.

Escondido de Antunes, que não admitia atividades fora do teatro, passei a frequentar o tal grupo junto com o ator Evaldo de Brito, colega de labuta no Sesc Consolação, também um dos "assistentes" do Magrão. Com a única câmera disponível na produtora no bairro de Pinheiros, passávamos madrugadas criando e gravando cenas de improviso com atores e atrizes do CPT que topassem a dupla jornada clandestina. O resultado era conferido na hora, graças à novíssima tecnologia. Depois, as cenas eram montadas num conjunto nervoso de máquinas controladas por um computador primitivo. O que se faz hoje num celular exigia equipamentos pesados, dignos de ficção científica. O nome do altar luminoso e barulhento atiçou o meu imaginário: ilha de edição. Sugeria um local diferente de trabalho. Um cruzamento de ferramentas que eu conhecia e usava com frequência: a calculadora da engenharia e o fliperama, o videogame da época. O encontro com o vídeo, a nova tecnologia, selou minha escolha profissional. Uma estrada ampla, desconhecida e desafiadora se abriu à minha frente: contar histórias através de áudio e imagens eletrônicas.

No ritual de despedida do Antunes, diante de todo o CPT, cometi uma mentirinha: justifiquei a saída jogando a responsabilidade para a minha mãe. Disse que ela havia exigido que eu terminasse a Engenharia antes de prosseguir na carreira teatral. De fato, meus pais haviam me convencido de que eu deveria concluir pelo menos um entre os cursos superiores que havia iniciado. Eles estavam certíssimos. Mais tarde o diploma seria crucial na minha carreira de comunicador. Na vida acadêmica ou profissional, não deve haver rua sem saída. Ninguém precisa retornar ao início de um caminho percorrido para começar outro. Para seguir adiante com fluidez e sem desperdício de energia, você já sabe, tem que usar o desequilíbrio. Perceba os vetores naturais ao seu redor e tenha coragem para vencer o medo para se deslocar. O encontro sagrado dos caminhos na encruzilhada deve ser um momento de reajuste de direção. É uma chance preciosa para recalibrar a bússola e renovar a decisão do que você quer ser na vida.

Quando surgirem dúvidas na caminhada, elas vão surgir sempre, você pode olhar para trás e conferir: as minhas experiências foram consistentes e diversas? Se a resposta for sim, tenha certeza de que cada uma delas valeu a pena. Mesmo se forem experiências aparentemente em direções opostas à nova direção que você escolheu tomar. Caminhar em terrenos desconhecidos é do jogo. Diversidade de experiências é o combustível precioso para praticar a criatividade e ampliar a capacidade de resolver problemas. A frase do Steve Jobs que ilumina o conceito está no início do livro. Também há vários estudos com resultados práticos mostrando que empresas e instituições que praticam para valer a diversidade em suas equipes criam ambientes favoráveis ao desenvolvimento pessoal e geram melhores resultados.[16] Além da questão ética, diversidade rima com criatividade e prosperidade.

Voltei à Poli e terminei a Engenharia, não para virar engenheiro. Dei um passo para trás para ganhar impulso, entrar em ebulição e mudar de estado. Você sempre tem que abrir mão de algumas coisas, aceitar perdas, para ganhar outras e se deslocar para uma nova fase do joguinho.

Quando você encontra a sua vocação, vão acabar as encruzilhadas? Claro que não, elas estarão sempre no horizonte de quem avança na carreira. Ao contrário de algo que deu errado, a chegada de encruzilhadas importantes, mesmo para quem já se estabeleceu numa carreira, é um sinal de saúde e renovação. São chances de alinhamentos mais sutis, relevantes e estruturantes. A busca de ser quem a gente é só termina no *the end*.

A encruzilhada é um lugar sagrado onde mora o poder da mudança.

#HackeandoSuaCarreira
#Encruzilhada

GOMO 8

DORES E DELÍCIAS DE UMA *STARTUP*

Início de carreira é sempre um momento ardido. O coração se agita e dificulta o aproveitamento pleno da montanha-russa de novidades. Os obstáculos parecem gigantes, intransponíveis, paralisantes. Não se assuste. A interpretação da realidade é prejudicada pela insegurança. Eu até tive sorte. Minha carreira teve início com um grupo de jovens de idade e angústias semelhantes às minhas. Tive com quem compartilhar as dificuldades do meu momento *start me up*, como diz a canção dos Rolling Stones. Entendi na prática a importância do fazer em grupo. Encarei o drama dos iniciantes com o coração quente e a mão na massa.

A Olhar Eletrônico foi fundada em 1981 em São Paulo. Hoje caberia perfeitamente na definição clássica de *startup*: empresa nova criada a partir de base tecnológica com modelo de negócio inovador, disruptivo e escalável. Éramos um grupo experimental. Inspirado na cultura *maker*, a do faça você mesmo. O encontro de figuras com origens diversas, a maioria recém-saída ou expelida das faculdades de Arquitetura, Filosofia, Rádio e TV, Engenharia, Física, Jornalismo e Artes Cênicas, também cabe em outra expressão contemporânea: um coletivo de artistas. A Olhar Eletrônico preferia se definir de outra forma: uma produtora de vídeo independente. "Independente" e "vídeo" são palavras-chave para entender o contexto no início dos anos 1980. Ao contrário das *startups* atuais, na Olhar não havia *business plan*, um plano de negócios definido. Nosso alvo era expandir a forma de contar histórias usando uma nova tecnologia que chegava à selva do audiovisual: o vídeo! Como viver daquilo era um detalhe que ninguém tinha pensado. O espírito do grupo era: vamos fazer e ver onde isso vai dar, afinal empresas, emissoras de TV, casamentos e festas de aniversário... todo mundo vai querer vídeos contando histórias por um precinho acessível.

Até a primeira metade do século 20, a produção audiovisual se restringia ao cinema e à TV ao vivo. Em 1956 surgiu a inovação disruptiva que mudaria o jogo: o videoteipe. Trata-se de uma fita plástica forte e flexível feita de Mylar, um material sintético com minúsculas partículas de ferro em suspensão sensíveis a impulsos eletromagnéticos. O sistema de cabeças giratórias com ímãs traduzia imagens e sons em ondas elétricas. De forma reversa, as ondas elétricas eram lidas no *tape* e traduzidas por analogia em sons e imagens. Daí vem o mundo analógico, pré-digital.

A Ampex, uma empresa norte-americana, foi pioneira em lançar no mercado a nova forma de produção audiovisual. A fitona com 2 polegadas de largura e cerca de 1,5 quilômetro de comprimento vinha enrolada num carretel capaz de armazenar uma hora de vídeo. A leitura da informação era feita por quatro cabeças que giravam formando um quadrante. Veio daí o nome do primeiro formato de videoteipe, o quadruplex. A disrupção tecnológica facilitou de forma robusta a produção, a distribuição e a consolidação das redes nacionais de TV.

O carretel do quadruplex ficava acondicionado numa caixa plástica ultrarresistente. Devia ser manuseado por especialistas com bom preparo físico: o cartucho pesava cerca de 10 quilos. Para a edição dos programas, a fita plástica era cortada e colada manualmente, como na montagem tradicional com a película de cinema. Do tamanho de um armário de cozinha dos grandes, o equipamento para gravação do videoteipe era mantido em salas com ar-condicionado ligado no máximo. Assim, os programas da TV eram limitados ao que acontecia na frente das câmeras grandes e pesadas nos estúdios das emissoras. Para capturar a realidade lá fora, a saída era usar a tradicional maquinaria do cinema, mais leve e portátil em relação aos paquidermes eletrônicos. Em resumo: a produção audiovisual era cara, lenta, pouco flexível e controlada pela indústria cinematográfica e televisiva.[17]

No início da década de 1970, novos animais adentraram a floresta do audiovisual. O Japão entrou em campo com uma espetacular miniaturização dos equipamentos eletrônicos:

a Sony lançou o U-matic, formato mais ágil e flexível para se gravar imagens em videoteipe. Com menos da metade das dimensões do quadruplex, a fita com ¾ de polegada vinha dentro de um invólucro de plástico lacrado e retangular chamado de "cassete". O peso e o formato equivaliam aos de um livro de tamanho médio. A miniaturização ampliou as possibilidades de uso. Mais leves e amigáveis, as câmeras de vídeo foram para as ruas e para os ombros dos cinegrafistas. Eram conectadas a um gravador portátil externo de "apenas" 13 quilos, geralmente pendurado no ombro de um assistente de câmera.

No final da década, o U-matic se estabeleceu no mercado. A produção eletrônica de imagens deixou de ser um privilégio das emissoras de TV. Mesmo longe da realidade brasileira, a disrupção tecnológica atiçou o espírito empreendedor de quatro ex-colegas da Faculdade de Arquitetura e Urbanismo (FAU) da USP. Assim nasceu a Olhar Eletrônico. Estrategista de nascença, Fernando Meirelles já havia adquirido por conta própria uma câmera de vídeo japonesa para finalizar seu trabalho de conclusão de curso. Faltava uma ilha de edição para montar as imagens. Com os colegas de facu Paulo Morelli, Beto Salatini e Marcelo Machado, desenhou um plano rocambolesco para consolidar a *startup*: tomar um avião para o Japão, comprar o equipamento no balcão da loja da Sony em Tóquio e trazer a carga preciosa de volta a São Paulo com uma parada marota em Assunção, no Paraguai. Sim, a saga pirata vivida pelos jovens da Olhar no início dos anos 1980 é mais um exemplo da dificuldade de acesso à tecnologia que continua existindo para empreendedores brasileiros.

Imagine o mundo sem internet, celular ou mesmo TV por assinatura. É nesse cenário que, com diploma de engenheiro da

Poli, me atiro na carreira de produtor audiovisual com a turma da Olhar Eletrônico. A sede da empresa, improvisada num sobradinho da praça Benedito Calixto, no bairro de Pinheiros, em São Paulo, servia de moradia para alguns integrantes do grupo. Sem cerimônia, as máquinas recém-chegadas do Japão com escala no Paraguai foram abertas no chão da sala da produtora e hackeadas coletivamente. Fitas estalando de novas foram inseridas em dois gravadores U-matic grandalhões, do tamanho de um fogão de seis bocas. Com o manual dos equipamentos circulando de mão em mão, cabos foram conectados e marcados com caneta, com o objetivo de entender como a imagem passava de uma máquina para outra. A metodologia da tentativa e erro trouxe palavras novas ao vocabulário do grupo: *play, rec, video in, video out, insert, frame, assemble...*

Com tudo funcionando, a criatividade represada saiu da gaveta. Uma competição de empinar pipas no Ibirapuera virou matéria-prima para vídeos experimentais de poesia. Colocar a câmera invertida gravando uma apresentação do grupo performático Viajou Sem Passaporte, com os atores tomando chá de cabeça para baixo, gerou um vídeo de humor *nonsense* com o líquido das xícaras derramando para cima. A edição vertiginosa de imagens de arquivo, explorando o limite de 30 quadros por segundo do U-matic, virou uma pequena obra de arte: *Tempos*, a história da humanidade contada em um minuto e meio. A gente produzia vídeos que poderiam estar hoje no TikTok. Só que na época não havia nem celular.

SAM – Sociedade Amantes do Mar, a primeira ficção da Olhar Eletrônico com roteiro, atores e trilha sonora, foi lançada com uma première na casa dos pais do Paulo Morelli, um dos sócios da produtora que frequentava os ensaios do Antunes.

O vídeo durava vinte minutos, um longa-metragem se comparado ao padrão de histórias curtas da Olhar. Foram feitas várias sessões para quem chegava atrasado à noite do lançamento, como eu, que fui direto do ensaio com Antunes no Sesc Consolação com meu parça Evaldo de Brito (a história completa está no gomo 7). O clima na casa cheia de gente era de euforia com o novo horizonte para se contar histórias audiovisuais em videoteipe. Só tinha um detalhe, ou melhor, um problema grave no modelo de negócio: ninguém podia ver os vídeos incríveis que a gente fazia. Como fazer o nosso produto, um jeito irreverente e divertido de contar histórias, chegar ao público? O videocassete, leitor e gravador doméstico de fitas conhecido pela sigla em inglês VCR (Video Cassette Recorder), já tinha sido lançado, mas era caro demais. Na casa das pessoas, ainda reinava solitária a TV aberta tradicional. Nossa curiosa *startup* entregava um produto que não tinha canal de distribuição. Nossos pais não entendiam o que a gente fazia. As emissoras de TV não estavam interessadas em ousadia. Cá entre nós, ainda não estão, o que pode explicar a atual perda de relevância delas. Éramos chamados de *videomakers*, fazedores de vídeo, termo que já começava a ser usado como sinônimo para vagabundos. Tudo muito injusto e dramático. E a dúvida continuava. Onde publicar os vídeos incríveis da Olhar? O YouTube só seria lançado em 2005, mais de duas décadas depois.

Fuén! Sem acesso à televisão e ao circuito do cinema, que nos via como moleques irresponsáveis, a Olhar Eletrônico Vídeo era, sim, uma produtora de audiovisual, mas não era independente coisa alguma. Só que não estávamos sós. As novas câmeras de vídeo chegavam às mãos de outros artistas sedentos para se expressar fora das caixinhas do cinema ou das emissoras de TV. A primeira Sony do Oficina, grupo de teatro do gigante Zé Celso Martinez Corrêa, veio junto com a nossa na muamba nipo-paraguaia. Uma guerrilha do audiovisual eletrônico brasileiro começou a se formar, a se encontrar e a apresentar suas armas: a TVDO, de Tadeu Jungle, Walter Silveira e Pedro Vieira, em São Paulo; a TV Viva, de Cláudio Barroso, Claudio Ferrario e Didier Bertrand, em Olinda; a Telecine Maruim, de Mair Tavares, Orlando Senna, Eduardo Escorel, Gustavo Hadba e Carlos Ebert, no Rio de Janeiro; a ONG Vídeo nas Aldeias, do indigenista e cineasta francês Vincent Carelli; a EMvídeo, de Eder Santos e Marcus Vinicius Nascimento, em Belo Horizonte; entre tantas outras produtoras pioneiras da cena do vídeo independente. O audiovisual ganhou tração com a nova parafernália eletrônica. No ar, havia a demanda da sociedade por livre expressão. Era o início da lenta e longa transição da ditadura militar para o renascer da jovem, tímida e frágil democracia. Os artistas do audiovisual brasileiro queriam participar com mais tônus do diálogo planetário. O sucesso da Mostra Internacional de Cinema de São Paulo, criada em 1977 – aniversário de 30 anos do Museu de Arte de São Paulo (MASP) – por Leon Cakoff, programador de filmes da instituição, inspirou o surgimento de outras manifestações do audiovisual pelo país.

Em agosto de 1983, aconteceu em São Paulo, no Museu da Imagem e do Som (MIS), o 1º Videobrasil, festival de arte eletrônica com curadoria de Solange Farkas. A Olhar levou os principais prêmios com *Garotos do subúrbio*, documentário sobre o movimento punk que já sacudia a capital paulista, dirigido por Fernando Meirelles, e *Marly normal*, ficção experimental de Marcelo Machado e Fernando Meirelles, mostrando a rotina monótona de uma trabalhadora urbana. Na noite de premiação, vi pela primeira vez, junto com o público no auditório do MIS, o meu nome nos créditos de uma obra audiovisual. Minha função em *Marly normal* era descrita em duas letras: VT, abreviatura para videoteipe. Na prática, o carinha que cuida dos cabos e dá *play* e *rec* no gravador U-matic de 13 quilos pendurado no pescoço. Felizmente, na metodologia da Olhar Eletrônico, todos participavam criativamente de todas as etapas, do roteiro à edição final. O aprendizado e a autoria eram compartilhados, havia um estímulo interno para experimentar diferentes funções de uma obra para outra. No início da Olhar Eletrônico, tudo era experimental. Se há dores, há também muitas delícias numa *startup*.

Recebemos o prêmio no domingo, dia 14 de agosto de 1983. Na quinta-feira, o telefone tocou. Era Goulart de Andrade, o veterano produtor de TV famoso pelo seu *Comando da madrugada*, um programa de jornalismo *underground* que ocupava horários incertos na programação paulistana da Globo. Inquieto como sempre foi, Goulart estava de mudança para a TV Gazeta. Na verdade, havia alugado todas as noites da semana na emissora, que, na época, mal atingia a região metropolitana de São Paulo. Com sotaque carioca remasterizado na capital paulista, o comandante do *Comando da madrugada* mandou essa: "Li no jornal que o sonho de vocês é fazer televisão. Segunda-feira meu horário na Gazeta é de vocês, façam o que quiserem com ele". Topamos no ato. Em quatro dias, às 23h do dia 22 de agosto, sem nunca antes ter pisado num estúdio de TV, a Olhar Eletrônico estreou, ao vivo, na telinha da Gazeta!

Uma boa largada na vida profissional depende de três ingredientes básicos: cara de pau, trabalhar com tesão e saber aonde quer chegar. Os ingredientes devem ser misturados juntos na mesma panela. Se você, por exemplo, sabe o que quer, mas acha que é mais seguro trabalhar com outra coisa antes para ficar rico e depois fazer o que gosta, cuidado! A sua estratégia pode dar certo e dar ruim ao mesmo tempo. Vou explicar melhor com uma história pessoal. Em jantares de reencontro da minha turma da Engenharia, há uma cena recorrente. Depois de algumas garrafas de vinho, alguém bem-sucedido no mundo dos negócios me aborda com a queixa: "Ah, mas eu queria ter sido como você, sempre fez o que quis e chegou lá". Procuro, com suavidade, refrescar a memória do colega: "Também me lembro de onde você queria chegar, ficar rico. Você também chegou lá". É sempre possível ir atrás do que se gosta. É também sempre possível evitar roubadas e desperdícios. Já vi isso acontecer vezes suficientes para dizer: pense bem no lugar aonde você quer chegar. Se aquilo que você deseja acontecer, você será uma pessoa melhor? O que está no topo dos seus desejos? Vale a pena pagar a conta para chegar lá? O "sucesso" te fará uma pessoa mais feliz? Acontece com muita gente. Ficar rico, o alvo frágil e difuso do exemplo, pode virar realidade. Só que, ao contrário de satisfação plena, há um risco de você chegar na fase madura e encontrar uma vida repleta de frustrações.

Por outro lado, se você olhar com coragem para aquilo de que realmente gosta, as chances de encontrar alinhamento entre o que você faz e o seu propósito se amplificam. Logo no início da minha carreira surgiu uma proposta tentadora. Em 1986, um diretor da GGK, uma agência global de publicidade, me convidou a ir para Nova York conhecer a MTV norte--americana, canal de música de grande sucesso na época que eles planejavam trazer para o Brasil. Peter Erzberger, o publicitário suíço, disse com humor que nada sabia do Brasil ou de jovens, mas que tinha confiança em quem havia sugerido o meu nome para liderar a implantação da MTV no Brasil: o filho adolescente dele, meu fã. Era o ano da Copa do Mundo no México e meu objetivo era participar da transmissão conjunta das emissoras SBT e Record na pele do Ernesto Varela, meu primeiro trabalho na TV (conto a história do Varela no gomo 9). Não quis abrir mão do fluxo de criatividade que estava brotando com o desenvolvimento do personagem. Agradeci, declinei e sugeri o nome de Marcelo Machado, um dos meus parças na Olhar Eletrônico, que se incumbiu da tarefa com seu talento costumeiro. O mais legal e irônico de calibrar a busca das escolhas para fazer o que se gosta é que, além de alcançar a saúde e a felicidade de se aproximar do seu eu verdadeiro, você pode até ser muito bem remunerado por isso. Na Olhar Eletrônico, a gente gostava do que fazia e ainda tinha a cara de pau de escrever com todas as letras no livrão preto que servia de diário das reuniões a missão do nosso grupo: "Revolucionar a televisão do terceiro milênio".

Na correria da estreia na TV Gazeta, nos esquecemos de pensar num nome para o programa. Santa juventude! Seria até um bom nome, "Santa Juventude". Só que faltou no plano de negócios simplesmente o "detalhe" da marca do nosso primeiro produto televisivo. O dilema foi resolvido ao vivo. Lançamos uma enquete na tela com opções e um número de telefone para o público votar. Ganhou *Antenas*. Ufa! Saímos exaustos do batismo de fogo e, ao mesmo tempo, ansiosos para a chegada da próxima segunda-feira. A gente era feliz e sabia. Como diz a letra dos Stones: *"If you start me up, I'll never stop!"*.

Início de carreira é sempre um momento ardido. O coração se agita e dificulta o aproveitamento pleno da montanha-russa de novidades.

#HackeandoSuaCarreira
#StartUp

GOMO 9
COMO SE FAZ?

"Como se faz?" é uma pergunta difícil. Está entre as mais frequentes que recebo. As entrevistas do Ernesto Varela eram improvisadas ou vocês escreviam antes o que o personagem ia dizer? A maquiagem branca do Professor Tibúrcio foi criada para dar medo nas crianças? Como surgiu a ideia do bordão "Porque sim não é resposta"? Se o *Castelo Rá-Tim-Bum* é de 1994, como o Telekid usava um smartphone para encontrar as respostas para as dúvidas das crianças?

Ao longo da carreira, as perguntas do público me estimularam a aprofundar a investigação de como eu faço as coisas. Explicar o fazer em palavras é pouco, comparado a aprender fazendo. Mesmo assim, estudar como as coisas são feitas ajuda a destravar processos criativos para fazer o que importa: botar a mão na massa.

A chave do fazer é a necessidade. No início da carreira, com a turma da Olhar Eletrônico, na TV Gazeta, em 1983, recebi no crachá uma função que parecia tão importante quanto difusa: produtor geral. Não tinha a menor ideia do significado dela. Certamente, me confiaram o cargo por ser formado em Engenharia. Nenhum de nós tinha pisado antes num estúdio de televisão. A turma apostou na minha capacidade de botar ordem nos processos caóticos do grupo. Durei pouco na função. O *Antenas*, nosso programa de estreia, tinha duas horas de duração. Em poucas semanas, o acervo de vídeos produzidos anteriormente, sem pressão de agenda, se esgotou. A voracidade da TV pedia mais. A necessidade nos empurrou para o jogo imprevisível do fazer.

Na produtora, todos jogavam em todas as posições, de cinegrafista a editor de imagens, de roteirista a motorista da Kombi. Curiosamente, a função menos valorizada era a de apresentador. Como nas peladas de futebol, quando ninguém quer ser o goleiro, havia um rodízio na função de ficar à frente das câmeras.

Num dos meus dias de "goleiro", brotou o rascunho do repórter ficcional Ernesto Varela. Na Serra do Mar, a equipe conversava dentro da Kombi sobre as tarefas do dia: gravar o show de Itamar Assumpção, à noite, na Cadeia Velha de Santos, e inventar algo para gravar antes, à tarde, na praia. Um exemplo do corre diário para preencher duas horas de programa toda segunda-feira.

Na baixada santista, a chuvinha fina espantava as pessoas da rua. O conteúdo extra começou a escorrer pelos dedos. Não havia ninguém na praia. Só um relógio de rua daqueles grandões com defeito. Pressionados pela necessidade, surgiu a ideia que me empurrou para a frente da câmera. Diante do aparelho quebrado, como se fosse um repórter dando um furo de reportagem, gravei um boletim curto: "Nossa equipe de reportagem acaba de registrar estranha variação climática na cidade de Santos. No momento, faz 64 graus na Praia do Boqueirão!". Por trás da câmera, debaixo de chuva, estava o olhar afiado de Toniko Melo, um dos poucos do grupo que vinha do curso de Rádio e TV, já existente na Fundação Armando Alvares Penteado (FAAP). Na ilha de edição, ele ainda acrescentou uma vinheta: "Santos urgente!" com o letreiro pipocando nervoso e uma trilha vibrante de "Breaking news" à la CNN. A brincadeira ingênua agradou a audiência e despertou meu desejo de abrir mão do crachá de produtor geral e criar um quadro fixo de humor para o *Antenas*. Essa foi a gênese do repórter diferentão, ainda sem nome.

COLÉGIO ELEITORAL

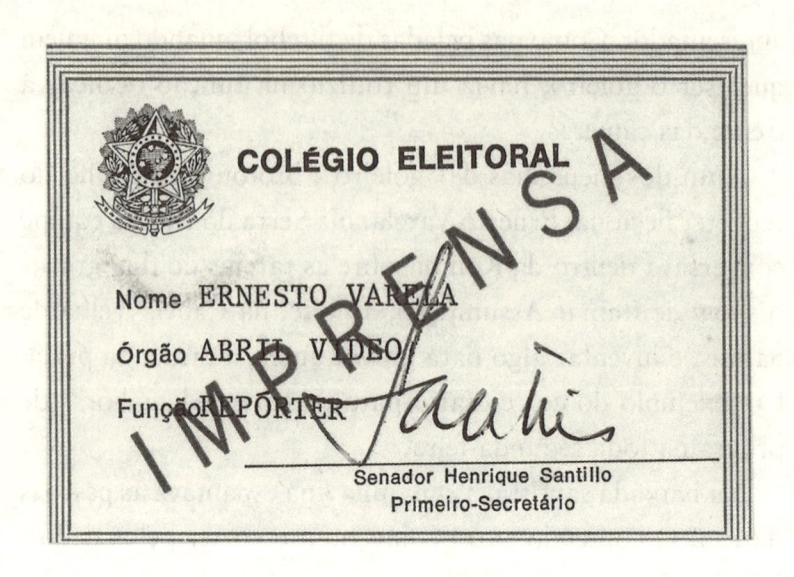

Nome ERNESTO VARELA
Órgão ABRIL VÍDEO
Função REPÓRTER

IMPRENSA

Senador Henrique Santillo
Primeiro-Secretário

A pergunta continua sem resposta: era improviso ou a gente escrevia antes o que o Varela ia perguntar? Respondo com outra pergunta: é possível manter um personagem vivo por tanto tempo se nem todo dia a realidade contribui com um relógio de rua quebrado na sua frente? Não se iluda. Inspiração e improviso não são suficientes para tocar a vida profissional. Se a flexibilidade é a qualidade de se adaptar à realidade, o fazer não pode ficar refém do acaso. Ninguém constrói nada só com talento e sorte, sem desmerecer os dois valores megarrelevantes. Uma ideia só vira resultado com preparação técnica e intelectual consistentes. O protótipo de repórter carece de mais musculatura.

Na Olhar Eletrônico, a pressão para produzir conteúdo em escala nos levou a uma prática rigorosa de estudos. O esforço coletivo de elevar a qualidade das ideias era chamado de Cultural. O encontro começava pontualmente às 9h da manhã, toda segunda-feira. Quem chegava atrasado ficava de fora. Antes de iniciar o horário comercial da semana, a firma parava por três ou quatro horas. Telefones eram desligados, e toda a equipe, do office boy aos sócios da empresa, sentava em torno da mesa para estudar Platão, Freud, Guimarães Rosa, astronomia, música, fotografia, física quântica... ou analisar as diferenças cinematográficas entre Chaplin e Buster Keaton. O Cultural não era diletantismo juvenil, mas um campo magnético de saberes, construído coletivamente para nutrir as mentes e ampliar a capacidade do fazer. Cada semana, um era responsável pelo conteúdo. A curadoria pedagógica ficava com Dario Vizeu, um jovem amazonense recém-saído da FAU, o intelectual mais respeitado do grupo. Dario segue fazendo "culturais" em diferentes empresas e projetos, agora para audiências maiores, como nas séries *Ética* e *Café Filosófico* (TV Cultura). Esteve comigo mais tarde no Telecurso e no Museu do Amanhã (Fundação Roberto Marinho). Continua sendo um mentor da trupe, mesmo que através de um grupo no WhatsApp com cada um num canto diferente.

O Cultural foi a fundação intelectual da Olhar Eletrônico. Voltaire, o filósofo iluminista, virou minha companhia frequente para navegar em águas mais profundas. Os verbetes do seu sensacional *Dicionário filosófico* se tornaram faíscas que ampliavam meu campo de visão em temas densos como morte, ódio, inveja, política ou amor. O escritor irreverente do século 18 acabou se tornando a coluna vertebral do personagem Ernesto Varela. Com apenas 20 e poucos anos, sentia confiança para abordar temas complexos partindo de onde Voltaire já havia chegado. Para avançar em universos desconhecidos, você não precisa reinventar a roda. Você pode se alimentar dos frutos nas árvores inventadas pelos grandes mestres para abrir novas trilhas na floresta do conhecimento. Ufa, que alívio. Essa foi a tática do jovem repórter para encarar a fauna variada de entrevistados – políticos, artistas, esportistas, cientistas etc. – da qual ele tinha que dar conta. Para não ter medo de fazer as perguntas simples e certeiras, as que ninguém tinha coragem de fazer, Varela tomava Voltaire na veia.

Depois do protótipo testado em Santos debaixo de chuva, encontrei um parceiro interessado em desenvolver o personagem comigo. Fernando Meirelles era um arquiteto que não sabia usar a câmera. Eu, um engenheiro que não sabia fazer reportagem. O Brasil, um país com políticos habilidosos em enrolar os jornalistas. Tinha tudo para dar errado. Só que, paradoxalmente, a lente torta do humor parece ser a ferramenta ideal para descrever com mais precisão a realidade surreal brasileira. Deu certo!

A primeira reportagem varelesca, já com nome e figurino do personagem, tratava da dívida externa brasileira, gigante na época. Na Avenida Paulista, perto da TV Gazeta, havia um terreno vazio tomado por bananeiras. Fernando e eu escrevemos um roteiro em que o jovem repórter calculava quanto custaria cada banana produzida no metro quadrado mais caro de São Paulo. O resultado matemático apontava quantos prédios da avenida mais famosa da cidade deveriam ser demolidos para dar lugar ao bananal que ajudaria o Brasil a quitar a dívida com os credores internacionais. Este é o DNA de Ernesto Varela, o repórter: recortar os fatos com a lâmina ingênua e cruel do humor.

Os óculos vermelhos que se tornaram a marca registrada do personagem surgiram por obra e bênção do santo acaso. Na hora da gravação, ao lado das bananeiras na Paulista, tomei o par emprestado do operador de áudio Fernando

Rozo. Hoje DJ e produtor musical respeitado no circuito festeiro paulistano, Fernandinho era um moleque cheio de ginga da Vila Madalena, que toda semana aparecia na Olhar Eletrônico com óculos de cores diversas. Naquele dia, calhou de ser o vermelho. "Orrrnou", como diz meu parça Fernando, brincando de usar o sotaque caipira.

Pronto! Tínhamos a gênese, o figurino, agora só faltava colocar o personagem na rua para fazer perguntas aos humanos. Além de uma leve miopia, os óculos do Varela serviram para abrandar a minha timidez. Sim, pode acreditar, como muita gente, sou tímido. Para atores, apresentadores de TV, educadores, líderes empresariais ou qualquer pessoa com necessidade de se expor publicamente, a timidez pode parecer um obstáculo intransponível. Não precisa ser assim. Profissionais da comunicação não são pessoas necessariamente desinibidas. São pessoas treinadas para conviver com a timidez, o que é bem diferente.

A câmera de TV é uma arma de destruição de espontaneidade. Para preservar a espontaneidade e conviver com a minha timidez, usei um tom de voz, um sotaque e até um nome diferentes dos meus. Um dia, numa das tentativas de contar uma história do meu jeito desajeitado, buscando cumplicidade com a câmera para disfarçar meu constrangimento, pimba! Surgiu na tela uma figura diferente de mim. Todo mundo riu. Foi um tremendo alívio.

A partir dali, não era mais eu que tinha de ser engraçado. Era o Varela. É um prazer indescritível entrar na pele de outra pessoa nesse momento insuportável que é ficar diante da lente da câmera. Para conviver com a timidez, me escondi atrás dos óculos vermelhos. Construí uma figura distanciada de mim e da realidade que queria revelar.

A chave do fazer
é a necessidade.

#HackeandoSuaCarreira
#CulturaMaker

Os óculos ainda me ajudaram a praticar, da minha maneira, uma técnica do laboratório teatral do mestre Antunes Filho: a máscara neutra. O conceito é um dos pilares pedagógicos da lendária École Internationale de Thèâtre Jacques Lecoq. Desde 1956, no mesmo endereço em Paris, é o lugar onde comediantes de todos os cantos do mundo buscam aperfeiçoamento.[18] Na técnica da máscara neutra, o comediante é desafiado a economizar gestos e palavras. No estado neutro não deve haver lugar para conflitos preliminares ou expectativas futuras. O objetivo da prática é se colocar em suspensão, como ensina Lecoq, ou em "situação", como prefere Antunes. O exercício do Desequilíbrio que descrevo no gomo 7 é base estruturante para a máscara neutra; se colocar em "situação" favorece a autenticidade, a abertura para acolher sem julgar o fluxo de acontecimentos ao redor e a percepção do outro. É uma forma de se aproximar da realidade com curiosidade de um ET que acabou de chegar ao planeta Terra. Tipo assim: que lugar estranho, que gente diferente... vou até ali tentar descobrir com eles o que está rolando.

Foi a chave para encontrar o tom de interpretar o repórter ficcional curioso e desajeitado.

Na construção dos roteiros do Varela, Fernando preferia perguntas mais diretas e agressivas. Eu, as mais ingênuas. Ao longo dos anos, ajustamos a dose entre a pimenta e a doçura. O alvo era sempre o mesmo: encontrar perguntas sinceras, ainda não respondidas. Na televisão brasileira, durante a transição da ditadura para a democracia, abordar as autoridades com irreverência era algo inesperado, quase proibido. Eis uma provável explicação do êxito instantâneo do Varela.

O sucesso no início da carreira é uma armadilha perigosa. No dia 24 de junho de 1984, um domingo, menos de um ano depois da estreia da Olhar na TV, fui parar na capa do caderno *Ilustrada*, na *Folha de S.Paulo*. Que susto, a reportagem era assinada por Ruy Castro. Na entrevista, eu garantia não estar deslumbrado com o sucesso. Ruy concluía o texto com uma profecia ardida: "Marcelo Tas não está [...] preocupado com a possibilidade de o personagem engolir o seu intérprete, como James Bond fez com Sean Connery ou o Bombril com Carlos Moreno. [...] Para mim, Marcelo Tas deveria ir se habituando aos óculos desde já". Me senti desafiado.

Na pele do Varela, estive com pessoas e lugares inusitados. Do cacique Raoni no Xingu a Pelé nos bastidores da Copa de 1986, no México; de FHC no Congresso Nacional aos garimpeiros em Serra Pelada, de Nelson Piquet na Fórmula 1 à guarda do Exército soviético na Praça Vermelha, em Moscou. Além de Tancredo Neves, Lula, Osmar Santos, Henfil, Gilberto Gil e Chico Buarque nos palanques das Diretas Já. As viagens pelo Brasil e pelo mundo consumiram os primeiros anos da minha vida profissional. Uma sequência extraordinária de aprendizados do tipo "como se faz?". Ainda assim, me sentia tecnicamente despreparado para o ofício de contador de histórias audiovisuais. Numa viagem de férias a Nova York, hospedado na casa do fotógrafo José Roberto Sadek, uma ideia subversiva invadiu a minha mente: interromper a correria de trabalho para estudar cinema.

A bolsa de estudos da Fundação Fulbright, instituição liderada pelo governo norte-americano em parceria com centenas de países pelo mundo, promove trocas culturais e acadêmicas e é especialmente generosa com artistas de

FIFA MEXICO 86

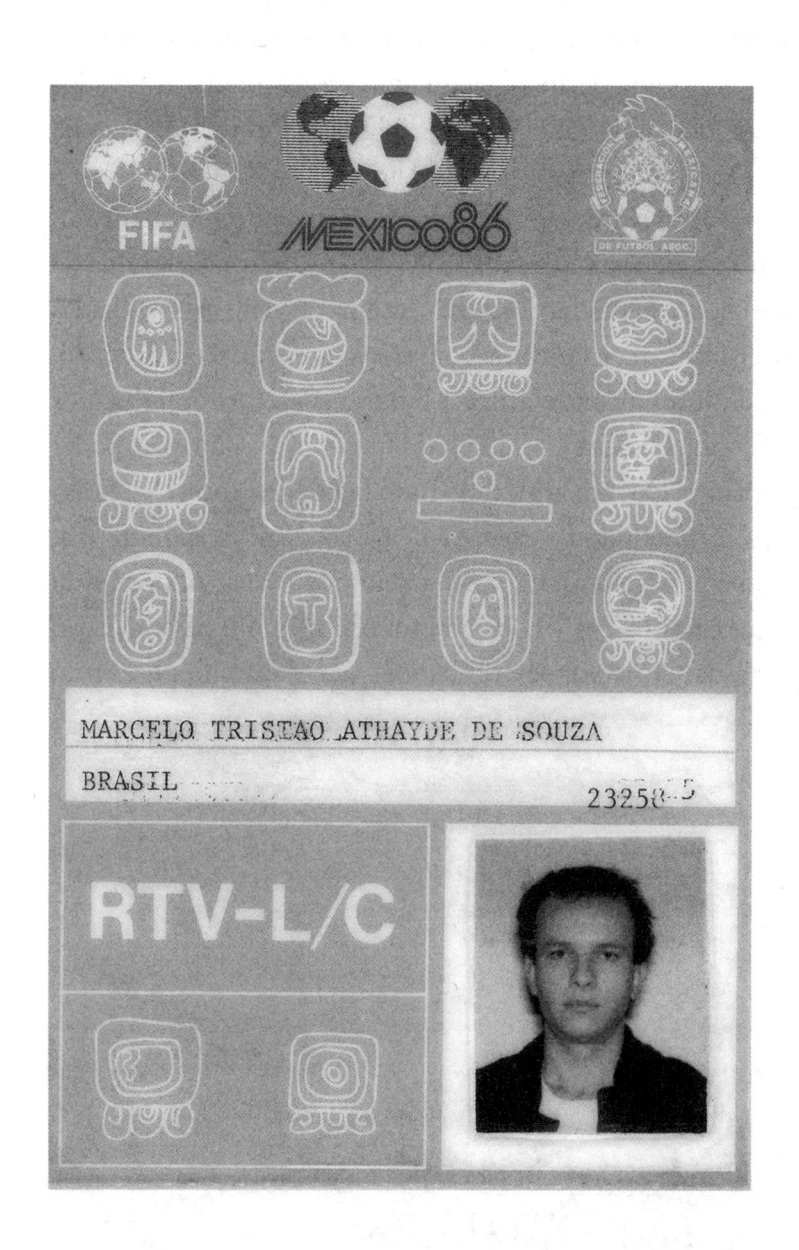

MARCELO TRISTÃO ATHAYDE DE SOUZA
BRASIL
232585

RTV-L/C

países em desenvolvimento. Os candidatos que passam pelo funil estreito da fundação recebem apoio financeiro e orientação acadêmica para escolher onde e com quem passar uma temporada de aperfeiçoamento profissional nos Estados Unidos. Escolhi voltar a ser estudante na escola de cinema dos meus sonhos: a New York University (NYU).

Enquanto o árduo processo seletivo da Fulbright avançava, recebi um convite inesperado para apresentar um programa na Rede Globo. O destino é caprichoso em construir encruzilhadas difíceis. Encarei a honraria com transparência. Com cuidado, falei da minha candidatura à Fulbright ao meu interlocutor na Globo. Disse a ele: "Se ganhar a bolsa, não vou poder cumprir o contrato até o fim. Tudo bem para vocês?". "Bolsa de quê?", perguntou o executivo. "De estudos", respondi. "Ah, tudo bem, assina aí, garoto." Creio que não se importaram porque estavam certos de que a fortaleza da minha convicção de estudar fora fraquejaria depois de colocar no pescoço o crachá da Vênus Platinada, como era conhecida a empresa líder de mercado.

Realmente, a estrutura técnica extraordinária da Globo me colocou em contato com outro planeta. Virei o apresentador do *Videoshow*, programa tradicional da casa que mostrava os bastidores de outros programas. Literalmente um "como se faz?" da televisão. Me senti uma criança num parque de diversões infinito. Passei a frequentar gravações de *Armação Ilimitada*, série de comédia ousada criada por Guel Arraes, com quem iniciei uma amizade e parceria profissional longeva. Mais tarde, no início dos anos 1990, Guel foi a pessoa decisiva na encruzilhada mais dolorida da minha vida. Depois da aventura bem-sucedida do *Rá-Tim-Bum*, fraturei os calcanhares numa filmagem na Amazônia. Era a gravação da série *Netos do Amaral* para a MTV Brasil, que traria de volta o repórter Ernesto Varela. Sem poder andar por um ano e meio, ganhei de presente uma eternidade de tempo que nunca tive para refletir, desacelerar e escrever. Guel me convocou para a equipe de criação dos projetos *Casseta & Planeta, Urgente!* e *Programa Legal*, com Regina Casé e Luiz Fernando Guimarães. Na sala de roteiristas, estavam Hubert Aranha, Pedro Cardoso, Hermano Vianna, André Vaisman, Geneton Moraes Neto, Luis Fernando Verissimo e Jorge Furtado. Mesmo de muletas, foi uma experiência intensa por novos aprendizados. Um período de explosão criativa e divertida. O tombo que rompeu meus calcanhares foi o desequilíbrio que me impulsionou adiante. A fragilidade dos pés fortaleceu a minha habilidade de me expressar com a escrita. Cercado de bons contadores de história, ganhei confiança com meus dedinhos no teclado e aprendi a escrever sob a pressão dos prazos de entrega. Foi uma escola fundamental para encarar responsabilidades futuras como roteirista de TV e colunista na imprensa. O fazer promove a construção de bases estruturais e encontros com mestres pelo caminho. Tive o privilégio de interagir com alguns deles, em diferentes veículos e ocasiões como Otávio Frias Filho, na *Folha de S.Paulo*, Sandro Vaia, no *Estadão*, e Mino Carta, na revista *Isto É*.

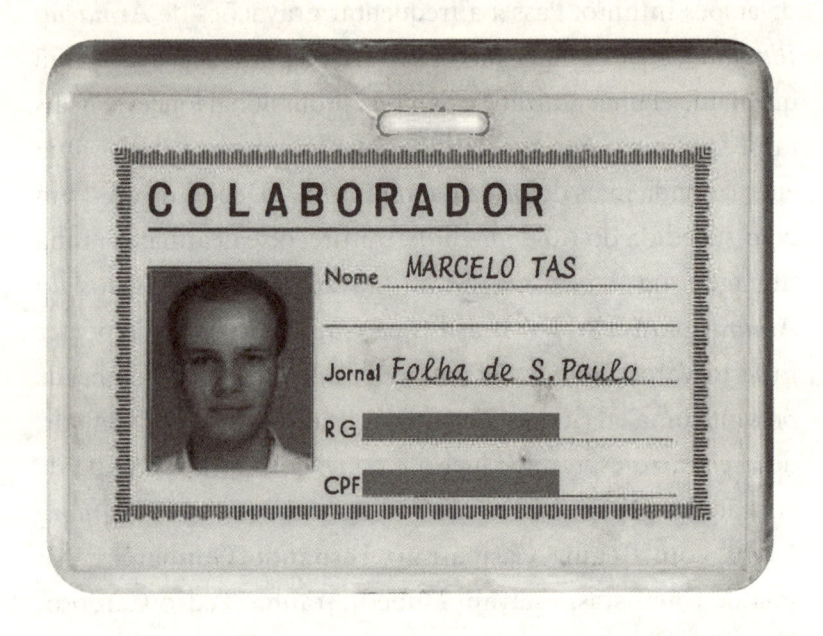

COLABORADOR
Nome MARCELO TAS
Jornal Folha de S. Paulo
R G
CPF

No *Videoshow*, havia redatores experientes que me apresentaram aos roteiros dos shows de humor dos Trapalhões, de Chico Anysio e de Jô Soares. Criei um personagem cibernético precoce, o Cabeça Branca, que vivia dentro de um aparelho de TV. Dentro da grande empresa, encarei o como fazer TV em larga escala, dentro do dia a dia na indústria do entretenimento. Na minha primeira saída para gravar nas ruas do Rio havia várias viaturas cinza com o logo da Globo e até um caminhão com um *switcher* para controlar as câmeras. Uma situação bem diferente de sair com a velha Kombi e a pequena equipe de vídeo-guerrilha na Olhar Eletrônico. Foi uma grande escola onde aprendi a trabalhar em colaboração com produtores, cenógrafos, fotógrafos, maquiadores, editores e técnicos em efeitos especiais excepcionais. Tive o privilégio de participar de reunião de criação com Boni, com direito a receber broncas, elogios e dicas diretamente do papa da televisão brasileira na época. A Globo foi um grande laboratório de aprendizados até nas horas vagas. Por várias noites, só de curioso, ficava até mais tarde na sede da emissora no Jardim Botânico para acompanhar da sala de controle os jornalistas que colocavam o *Jornal Nacional* "no ar, ao vivo, para todo o país", como diziam as vozes radiofônicas dos apresentadores do telejornal na época. Estava tudo indo muito bem. No verão de 1987, a encruzilhada chegou. Foi uma decisão dificílima. Para surpresa da minha família e dos colegas na maior emissora do país, limpei as gavetas, passei o comando do *Videoshow* para Miguel Falabella e fui estudar cinema em Nova York como bolsista da Fundação Fulbright.

A vida profissional tem semelhanças com os games. Você participa de batalhas e, à medida que avança, o jogo fica mais difícil. Nesse momento, você tem que buscar novas estratégias e armas para se adaptar a cenários desconhecidos... Para avançar, não basta manter o já conquistado. Você irá conviver com novos limites de segurança. Para mudar de fase no joguinho, você terá que correr riscos e sacrificar vidas. Aceitar perdas é uma dor inevitável e necessária para avançar no game da carreira.

Para mudar de fase no joguinho, você terá que correr riscos e sacrificar vidas. Aceitar perdas é uma dor inevitável e necessária para avançar no game da carreira.

#HackeandoSuaCarreira
#JogoDaVida

GOMO 10
OLÁ, CLASSE!

O pedaço do *campus* da Universidade de Nova York (NYU) onde estão localizados os cursos de cinema é bem diferente do estilo clube de campo da USP e da maioria das universidades pelo mundo. Fica num pedaço superpovoado de Manhattan que mistura hippies, músicos, intelectuais, turistas, mendigos, milionários, junks e punks, além de imigrantes irlandeses, italianos, poloneses, porto-riquenhos, russos, ucranianos... Enfim, um microcosmo da beleza e das contradições do mundo num só bairro, o East Village.

A universidade se espalha por diferentes prédios. O meu preferido é conhecido como Bobst, a biblioteca principal. Inaugurada nos anos 1970, foi erguida com recursos doados por Elmer Holmes Bobst, um figurão da indústria farmacêutica que era amigo próximo de Richard Nixon. É um bloco maciço de 12 andares, sem janelas, com cor de argila e visual de totem indígena. Fica bem de frente para o Washington Square Park, uma pracinha simpática circundada inteiramente pela NYU, frequentada 24 horas por dia pela fauna local. Na entrada há um átrio com piso de cerâmica branca e preta em formas geométricas. Olhando para cima, pelo imenso vão livre central, dá para ver o teto do edifício e as pessoas circulando pelos andares empilhados. O pé-direito gigante e o silêncio parecem valorizar o conhecimento concentrado na Bobst. Como é tradição nas universidades norte-americanas, os alunos têm acesso direto aos livros e documentos sem burocracia ou gente atrás do balcão. Estranhei tanta liberdade. Você entra e vai direto às estantes, pode mexer e remexer em tudo, selecionar o que quiser sem ninguém para te vigiar.

Em cada andar, havia um computador daqueles antigões estacionado, uma grande caixa bege sem imagens na tela, apenas letrinhas. Você digitava uma palavra e recebia de volta tudo que havia no acervo da biblioteca sobre aquele tema.

Minha brincadeira predileta passou a ser navegar por assuntos usando palavras-chave de forma livre, não linear, pulando de uma ideia para outra. Cruzava temas aleatórios como um garimpeiro em busca de ideias ainda não pensadas. Era como se os meus dedos no teclado pudessem acessar uma espécie de inteligência artificial primitiva para conversar com o acervo da Bobst. Quando encontrava um resultado surpreendente, imprimia a pesquisa com medo de perder os hiperlinks criados pela brincadeira da minha mente com o acaso.

O departamento de Cinema ficava no número 721 da Broadway. Outro edifício icônico no East Village, a Tisch School of the Arts é um campo de treinamento vertical para estudantes do audiovisual. De novo, o nome tem a ver com quem doou para a construção do prédio: os irmãos Laurence e Robert Tisch, endinheirados da área dos negócios. Cada sala de aula era equipada com um projetor de cinema de 35 mm. Nas aulas, com frequência apareciam profissionais convidados pelos professores, como Martin Scorsese, Jonathan Demme e Patrizia von Brandenstein, a primeira mulher a ganhar um Oscar na categoria de Direção de Arte por *Amadeus*, de Miloš Forman. Spike Lee, ex-aluno ilustre, ainda circulava pelo prédio. No ano anterior, com colegas da NYU, havia filmado *Ela quer tudo*, primeiro longa-metragem dele, no bairro vizinho do Brooklyn. No mural do corredor, um dia encontrei uma filipeta com oferta de estágio para trabalhar com Woody Allen. Duvidei dos meus olhos. Aí, parei e pensei: *Por que seria de outro jeito? É aqui que essa turma vive e trabalha!* Com cara de pau e curiosidade, acabei frequentando bastidores de filmagem de Francis Ford Coppola e dos bonecos de *Vila Sésamo*.

O meu foco principal na bolsa de estudos era Buster Keaton, ator, comediante, diretor e produtor pioneiro do cinema mudo. Contemporâneo e concorrente de Charles Chaplin, Keaton foi o mestre que expandiu os limites da linguagem cinematográfica. A comédia é baseada na contradição entre a realidade e a fragilidade humana. O tema frequente de Keaton era a aceleração da vida nas cidades no início do século 20. Navegava com maestria entre histórias que iam das transformações tecnológicas aos relacionamentos amorosos. Keaton libertou as câmeras pesadonas dos estúdios no início do cinema em Hollywood. Com seu humor visual sofisticado, ao mesmo tempo ingênuo e pontiagudo, revelou tanto o drama humano que percorria as ruas de Los Angeles quanto o da natureza ao redor da cidade banhada pela generosa luz natural da Califórnia.

A General, o longa-metragem mais importante dele, mostra seu personagem frequente, apelidado de "The Great Stone Face", o homem que nunca ri, na tentativa de dominar uma gigantesca locomotiva. É uma metáfora escancarada da dificuldade humana de lidar com a tecnologia. O filme é cada vez mais atual. Se trocar a locomotiva por inteligência artificial, dá para rir e refletir sobre os efeitos da aceleração da técnica em contraposição à nossa capacidade de fazer bom uso das ferramentas que criamos. Mais que Chaplin, para mim, Keaton é o grande mestre do cinema mudo na arte de usar a tecnologia para contar boas histórias. Criou efeitos visuais que continuam absolutamente surpreendentes. Seu filme *Sete oportunidades*, baseado numa peça de teatro da Broadway, antecipou a narrativa fragmentada em várias dimensões, do cinema atual. No clássico *A rosa púrpura do Cairo*, Woody

Allen homenageia a obra de Keaton usando o mesmo recurso cinematográfico para fazer Cecilia, a garçonete sonhadora, sair da plateia na sala escura e ir para dentro dos filmes que mais amava.

A NYU foi a porta de entrada para o meu mergulho mais profundo na arte cinematográfica. Depois de um treinamento técnico, pude ter a obra completa de Keaton literalmente em minhas mãos, analisando os cortes diretamente na película dos filmes numa moviola. Em cada sala de aula da Tisch, além do projetor de cinema, havia gente com larga experiência na indústria, como o historiador William K. Everson. Dono de uma coleção particular de filmes raros, o crítico de cinema britânico morava num edifício antigo no lado oeste do Central Park. O apartamento era um autêntico museu dedicado à sétima arte. Havia latas de filme espalhadas pelos corredores e uma fileira de cadeiras de cinema de verdade instalada na sala. Nas paredes, pude conferir fotos do meu professor com alguns amigos íntimos, como John Wayne e Marilyn Monroe. Com humor afiado e silhueta semelhante à de Alfred Hitchcock, mr. Everson costumava reunir alunos em casa para provas orais divertidas e, claro, sessões de clássicos do cinema do seu acervo precioso.

A minha navegação pela NYU alcançou latitudes inesperadas. Como ouvinte, também frequentei o departamento de Literatura, onde alunos estrangeiros aprendiam português só para frequentar as aulas sobre Machado de Assis do ilustre crítico literário brasileiro Wilson Martins. Nunca imaginei mergulhar tão profundamente no Brasil longe de casa.

O zigue-zague pelo *campus* ainda reservava uma surpresa que mudaria para sempre a minha vida profissional. Um dia, a caminho de uma aula de cinema, a porta do elevador se abriu num andar vazio com dezenas de caixas espalhadas pelo chão. Saltei instintivamente do elevador, atraído pela imagem de uma maçã mordida no papelão. "O que tem aí dentro", perguntei? "São computadores da Apple", disseram. "Aqui será construído o novo laboratório do Interactive Telecommunications Program (ITP)." Opa, comunicação é comigo mesmo. Interessado pela parte do *interactive*, perguntei que programa era aquele. Me explicaram que era um espaço para investigar as novas linguagens que a internet devia trazer para o audiovisual. Continuei interessado, mas o que seria a tal de internet?

Era início de 1988, a bolsa acabaria no meio do ano. Escrevi uma carta à Fulbright implorando por uma prorrogação para entender que bicho novo era aquele. Com agilidade, recebi um ok. *Thank you, Fulbright!* Passei a frequentar os novos laboratórios do ITP, com direito a navegar na internet, ter uma conta de e-mail e criar imagens usando – vejam vocês! – um Mac estalando de novo. Além das letrinhas, o novo computador tinha imagens na tela e um mouse!

Entendi que a minha navegação intuitiva nos computadores antigões da rede fechada da Bobst tinha como base o mesmo conceito: o hipertexto. Me tornei um devoto dessa forma de praticar o livre pensar. Diante da imensidão do conhecimento, o hipertexto é uma lâmina para recortar a realidade. A bússola é a sua mente; o limite, a sua criatividade. Percebi que a navegação por hipertexto valia tanto para o acervo da Bobst quanto para qualquer outro lugar do mundo onde alguém estivesse conectado à internet. O que hoje é trivial, na época parecia uma iluminação espiritual. Devia ser.

Ficava besta participando de chats com estudantes de cinema da Universidade da Califórnia em Los Angeles (UCLA). Como as frases tecladas do outro lado dos Estados Unidos podiam pipocar na tela diante dos meus olhos em Nova York? Me senti numa nave silenciosa passeando por novas galáxias da comunicação. Seria eu o primeiro astronauta brasileiro do ciberespaço? Certamente não. Mas que viagem!

De volta ao Brasil, encontrei poucas pessoas com quem conversar sobre o planeta onde havia passado quase dois anos. Senti as dores de deixar a bolha nova-iorquina e enfrentar as turbulências da reentrada na atmosfera da terra natal. No Brasil, havia no ar uma expectativa de volta à vida democrática, com eleições livres depois da longa ditadura. Só que a inflação no desastroso governo Sarney explodia, eu estava desempregado e a minha primeira mulher, a figurinista Claudia Kopke, grávida do nosso primeiro filho.

Um ex-colega da Poli, engenheiro empregado num grande banco, se interessou pela minha pequena história da internet. Perguntou se eu toparia almoçar com o chefe dele para contar a novidade. Claro que sim! Num restaurante chique da região da Paulista, lá fui eu contar da rede mundial de computadores, como a internet era chamada pelos primeiros navegadores deslumbrados, como eu. Fiz um relato entusiasmado ao chefe do meu amigo. Com a assertividade própria da juventude, comuniquei a ele que a internet iria conectar público e empresas numa velocidade inédita, com troca de informação instantânea, em tempo real. "É uma teia que vai engolir todo o planeta", concluí, com dramaticidade de evangelizador. Seguiu-se um silêncio constrangedor. Percebi que não agradei e saí de fininho. Mais tarde, meu amigo confidenciou o comentário do chefe na saída do encontro: "A próxima vez que você me convidar para almoçar com seus amigos maconheiros vai ser demitido!".

Preconceito é algo para ser analisado com carinho. Geralmente ele surge quando um fato novo ameaça uma crença antiga. A solidez ilusória do passado é um refúgio confortável para a preguiça da alma. Fique atento: o preconceito pode impactar sua carreira de forma devastadora. Até hoje tenho o privilégio da amizade com meu ex-colega de faculdade, que é sócio fundador de uma plataforma financeira que atende ao mercado global, com escritório em Nova York e tudo mais. E o chefinho dele, por onde anda? Naquele almoço, o cara ocupava uma posição de liderança num grande banco. Recebeu uma informação relevante, provavelmente antes dos concorrentes. Em vez de ouvir, preferiu a saída covarde do preconceito. Brigou com a realidade e também com os maconheiros, que nada tinham a ver com a história.

Na minha volta ao Brasil, meu primeiro e eterno parceiro Fernando Meirelles foi outro dos poucos que se interessaram pelas minhas novidades nova-iorquinas. Olhou com atenção meus caderninhos com desenhos e anotações de viagem. Como já fez algumas vezes na longa história que compartilhamos, disparou de supetão um convite para eu trabalhar num novo projeto: uma série infantil para a TV Cultura. O programa ainda sem nome tinha data de estreia para dali a um ano e a meta de empatar em audiência com a Xuxa, disse o parça, com seu eterno sorriso maroto.

Na primeira semana de 1989, embarquei no bonde de criação do *Rá-Tim-Bum*, liderado pelo roteirista Flávio de Souza, com o animador Flávio Del Carlo e o cineasta Paulo

Morelli, além do próprio Meirelles, diretor-geral da bagaça. A série de 175 episódios me levou de volta, em ritmo intenso, à tarefa do fazer. Só que dessa vez as possibilidades de linguagem audiovisual iam muito além das reportagens do Ernesto Varela. A liberdade para criar personagens, quadros e formatos abria uma imensa rede de caminhos a serem hackeados. Era uma tremenda oportunidade. A TV Cultura se tornou um laboratório de diversões e experimentações audiovisuais.

O ponto de partida na criação do *Rá-Tim-Bum* era uma pilha de objetivos pedagógicos. As pastas coloridas com os conceitos educacionais ficavam sobre a mesa da produção. A base preparada pela consultora Zélia Cavalcanti continha um desafio: transformar a TV num espaço de aprendizagem para atender a carência de salas de aula para crianças em idade pré-escolar – infelizmente, um dado trágico da educação brasileira que continua frágil. O desafio era equilibrar os objetivos rigorosos da pedagogia com um jeito divertido de contar histórias. Como traduzir a complexidade em linguagem arroz com feijão? Como conquistar e manter a atenção exigente das crianças que ainda não reconhecem letras e números?

Para responder ao desafio, foi desenhada uma solução em forma de círculo. Como numa pizza de vários sabores, as historinhas se encaixavam em pequenas ficções, documentários, animações, com música, personagens aleatórios, circo e aulas de ginástica. As fatias na pizza não seguiam uma narrativa linear. Uma história puxava a outra sem a obrigação de um sentido lógico, da forma como funciona a mente das crianças. Elas brincam, pulando de uma coisa para outra simplesmente atraídas pela curiosidade, assim como hoje passamos de um assunto para outro com um clique. Exatamente como na navegação num hipertexto. Entre os pedacinhos de pizza, surgia apenas uma breve transição com uma tela branca. As histórias deslizavam livres, sem um apresentador fixo conduzindo o programa, como era padrão na era de Xuxas, Angélicas, Elianas e Maras Maravilha.

O *Rá-Tim-Bum* foi um laboratório de experiências para ampliar meu repertório de "como se faz?". Inclusive, um quadro com esse nome foi criado para mostrar como as coisas do dia a dia são construídas, de guarda-chuva a vagão de trem. Dessa vez, o desafio era muito maior, e as equipes também. Tive que aprender a trabalhar com gente desconhecida, fora da bolha da Olhar Eletrônico, participando do aperfeiçoamento de ideias alheias. Era a hora de tirar do papel muitas das anotações dos caderninhos da temporada nos Estados Unidos. No Bottom Line, lendário clube de música e comédia de Nova York, eu havia sido impactado por um show de *stand-up* do ator Paul Zaloom, que seria mais tarde o protagonista da série *O mundo de Beakman*. Era uma apresentação *nonsense* em que Zaloom usava objetos banais do bar onde acontecia o show – como garrafas, copos e canudinhos – para fazer sátira política. Foi o ponto de partida para a criação de um quadro em que, na mão da contadora de histórias do *Rá-Tim-Bum*, um ferro de passar roupa virava locomotiva, um borrifador de água, uma tempestade, e por aí vai... As necessidades da série me ofereceram a oportunidade de atuar como diretor de atores adultos e crianças. Era o início de uma nova fase no joguinho.

Próximo do fim da maratona, Fernando apareceu com uma nova provocação: "Ué, faltou criar um quadro para você aparecer no programa. Ainda dá tempo, mas seja rápido".

Era um recado bem no estilo dele, suavidade mineira e pontaria letal com mira telescópica.

Fiquei animado e ansioso. Era a chance de escapar da profecia do Ruy Castro e me libertar dos óculos vermelhos de Ernesto Varela. Diante de uma tarefa que pareça impossível, o frio na barriga pode se transformar em raio paralisante. Tenha respeito, cuidado e gratidão pelo frio na barriga. Procure transformar o sentimento de desconforto em algo valioso. Na filosofia milenar do hinduísmo, o esforço necessário para a prática do ioga é chamado de *tapas* ou *tapasya*. A palavra significa geração de calor e energia (hindi: *tapasya*; sânscrito: *tapas*).[19] É o chamado fogo do ioga, resultante de práticas ancestrais de purificação como meditação, silêncio, hatha yoga – os exercícios físicos – e jejum. Da mesma forma, as faíscas de calor que surgem do atrito entre pedras também podem ser chamadas de *tapasyas*. Eu procuro receber as borboletas no estômago como um sinal de que grandes pedras podem estar se movendo na minha vida para a construção de algo importante. Ao contrário de me sentir paralisado, a consciência de *tapasya*, a quentura que indica o movimento das grandes pedras, me ajuda a juntar disciplina e coragem para o desafio adiante. O frio na barriga é transformado em ação criativa.

Na reta final do *Rá-Tim-Bum*, o atrito de dúvidas e angústias pegou pesado na minha alma cansada. Como criar um personagem em pouco tempo com o estoque de ideias nos caderninhos quase zerado? Como produzir algo inesquecível com recursos técnicos e financeiros escassos? Respirei fundo e acionei a cabeça de engenheiro. A engenharia não é uma ciência que sabe mais sobre resolver problemas do que outras áreas do conhecimento; como já mencionei antes, o engenheiro é um cara treinado para fatiar o problema em pedaços que caibam dentro da boca dele, um a um. Com o problemão fatiado em *rounds*, temos mais chance de encarar e vencer a luta na busca de soluções. Essa é a beleza da engenharia.

Na sala de produção do *Rá-Tim-Bum*, a pilha de objetivos pedagógicos sobre a mesa estava quase no fim. Restavam os conceitos mais amargos de descomplicar: noções de matemática, lateralidade, relatividade, longe e perto, áspero e macio... Pensei com meus botões: *Para explicar coisas tão cabeludas, só se o personagem for um... professor.* Bingo! Assim surgiu o Professor Tibúrcio, da pressão de dar conta de objetivos pedagógicos casca grossa. A necessidade move a criação.

O cenário óbvio seria colocar o professor e seus alunos dentro de uma sala de aula, o espaço natural onde aprendemos coisas difíceis. A ideia parecia boa, só que a solução gerava um novo problema. Àquela altura do campeonato, não havia tempo para testar novos atores e produzir cenários e figurinos. Era um desafio instigante.

No CPT, o mestre Antunes Filho ensinava a importância da escassez na criação. Muitas vezes nos colocava na situação de montar *Romeu e Julieta* em uma semana, usando apenas jornais velhos como recurso cênico. A escassez obriga a focar o que importa: a história, ensinava o Magrão. Não se trata de valorizar a pobreza de recursos. Na escassez, somos obrigados a encontrar a essência, a ampliar os limites da criatividade. É importante reconhecer que o *Rá-Tim-Bum* nasceu num ambiente favorável à criação, com recursos do sistema S (Sesc, Sesi, Senac, Senai), com o apoio pessoal de Roberto Muylaert, então presidente da Fundação Padre Anchieta. Só que naquele momento, quando fui desafiado a criar o personagem, não havia mais recursos previstos para novos conteúdos. Pior, não havia um recurso intransponível: o tempo. Nesse ambiente de escassez, nasceu o Tibúrcio.

"Olá, classe, prestem atenção porque hoje eu vou falar de uma coisa muito importante!". Para abordar questões difíceis, vou usar a pedagogia explícita, brinquei. O problema é apresentado de cara, sem enrolação. Depois, o roteiro que se vire para desenrolar uma solução de forma divertida, sem abrir mão do rigor pedagógico. Mais tarde, a experiência de destrinchar as necessidades educacionais do *Rá-Tim-Bum* seria crucial na coordenação criativa do Telecurso, o maior projeto de educação de que já participei. A pedagogia explícita foi o mantra para a equipe de roteiristas reunidos com a missão de traduzir as disciplinas dos ensinos fundamental e médio para uma linguagem arroz com feijão para atender um público em situação econômica frágil, em evasão escolar, atingido pela desigualdade social brasileira, que infelizmente continua.

No Tibúrcio, havia ainda um nó apertado para ser desatado. Como criar aulas divertidas sem os atores mirins para contracenar com o professor? A escassez me conduziu a ir para a essência.

"Olá, classe!"
"Olá, professor Tibúrcio."

O professor perguntava e os alunos respondiam fora de cena. As vozes e os efeitos sonoros eram inseridos depois, na edição final. Assim foi criado o espaço imaginário em que o talento de Zé Rodrix, o músico encarregado da trilha sonora, fez a classe invisível se tornar viva e imprescindível para o sucesso do quadro.

Nas variáveis da equação de escassez, ainda foram eliminados outros gargalos devoradores de tempo. No estúdio, ficávamos apenas eu e os técnicos da gravação. A câmera fixa no tripé gravava o episódio na íntegra em plano-sequência. Assim, a edição das imagens, geralmente um processo demorado, se concentrava apenas em acelerar e desacelerar as ações do personagem na tela. A operação da câmera também era simplificada, já que não havia alteração na iluminação ou no enquadramento. A função foi ocupada por Arcângelo Melo, diretor de fotografia e meu parceiro na codireção do Tibúrcio. Resolvida a equação. Restava o mais importante: quem era o personagem? Com o figurinista Carlos Gardin e sua equipe, miramos o visual da coruja, símbolo da filosofia e da pedagogia. Como eu era jovem demais para imprimir na tela o visual maduro de um mestre, usamos uma peruca grisalha e o conjunto tradicional de beca preta e chapéu de formatura. Para deixar o professor ovalado, em formato de coruja, contei com o time de efeitos especiais da emissora. Havia acabado de chegar à Fundação Padre Anchieta um equipamento cobiçado na época: o Ampex Digital Optics (ADO). Opa, digital? Conheci a palavra lá no departamento de mídias interativas da NYU. Era um computador que manipulava imagens usando o *chroma key,* a mesma técnica que os telejornais usam para inserir gráficos em um fundo verde para a apresentação da previsão do tempo.

Para criar a figura do Professor Tibúrcio usamos o ADO para achatar e engordar o meu corpo em 30%. Surgiu uma figura curiosa e um tanto assustadora na frente da câmera.

De novo, como no Varela, senti um alívio imenso com a liberdade de ser outra pessoa. A máquina de efeitos especiais ainda permitia que o professor se movimentasse pela tela em qualquer direção ou velocidade. Dessa forma, Tibúrcio surgia do fundo branco e se aproximava rapidamente da câmera, em superclose, em um segundo. No mundo real, no estúdio, eu quase não saía do lugar. Fingia estar caminhando com pressa e o computador se encarregava de me colocar diante dos meus aluninhos virtuais num clique.

Como o ADO era usado intensamente pelos telejornais diários da TV Cultura, gravamos todos os episódios do Tibúrcio de madrugada. Pelo mesmo motivo, o personagem Telekid também foi parido em noites insones alguns anos depois, na série *Castelo Rá-Tim-Bum*.

Foi preciso um bom tempo de distanciamento dessas obras para constatar o óbvio: a ligação estreita delas com meus estudos em Nova York. Professor Tibúrcio foi filmado com a câmera fixa, contracenando com objetos que surgem na tela, a base da linguagem cinematográfica de Buster Keaton. E mais, em preto e branco, que bandeira! O *Rá-Tim-Bum* estreou em 1990 e em poucos meses empatou em audiência com a Xuxa. Hoje, a série continua sendo reprisada nas plataformas digitais e num canal por assinatura que leva o nome do projeto: TV Rá-Tim-Bum.

Telekid, por seu lado, tem nas mãos um aparelhinho, uma espécie de smartphone primitivo, em que busca as respostas que os adultos sonegam às crianças. "Porque sim" não é resposta, não é mesmo? Ele navega por janelas de hipertexto, como eu fazia em 1988 no curso de verão do ITP. O *Castelo Rá-Tim--Bum* é de 1994. O primeiro smartphone do mundo real, o iPhone, só seria lançado em 2007. A arte de contar histórias tem dessas surpresas. No espaço livre da imaginação, tudo pode acontecer. "Imaginar" é um verbo que deriva de *imago*, palavra em latim que significa semelhança, representação, retrato. Imaginar, portanto, tem a ver com o ato de trazer à mente a imagem de algo não presente. É um download de realidades que não existem. De onde surgem esses sonhos de realidades futuras? Não se sabe muito bem. A criação artística não tem lógica ou explicação. Dá para dizer que ela acontece quando estamos distraídos, quando desligamos o piloto automático usado para dar conta das tarefas do dia a dia e nos arriscamos no espaço infinito do brincar.

Caprichosamente, o que parece maluquice tem a ver com realidade. Ao mesmo tempo que é difícil descrever a faísca da criação artística, dá para dizer que ela acontece de forma quase orgânica. Como as plantas na natureza, as ideias brotam, germinam e usam como nutrientes as experiências dos liga-pontos anteriores da vida para crescer e se transformar em coisas concretas. Daí a importância de escolher bem como gastar o tempo, de manter sempre aberto um espaço lúdico na sua vida. Trate de abrir uma brecha, um horário nobre, para a brincadeira dentro da sua rotina de trabalho. Brincar é coisa séria e produz resultados. A construção de coisas novas que vão te nutrir e eventualmente alimentar outras pessoas é algo que se faz brincando, sem querer querendo.

Mirando a minha trajetória profissional – o arco que se inicia no Ernesto Varela, passa por *Rá-Tim-Bum*, *CQC*, Museu do Amanhã até chegar ao *Provoca* –, percebo a consolidação de uma identidade artística que tem origem numa criança do interior. Quando se elogia alguém pela sua originalidade poucas vezes se observa que a palavra originalidade vem de origem. Tem a ver com reconhecer o lugar e cultura onde você nasceu e cresceu. Com a valorização da origem é possível recuperar e atualizar o olhar da criança que existe em você. Eu reconheço e agradeço a minha origem de menino caipira, um vira-lata nascido e criado na roça, depois remasterizado em São Paulo, Rio e Nova York. Mesmo assim com o *twist* gringo urbano, metido à besta, nunca tirei ou escondi os *dedo encardido* e os *pé vermeio* sujos de terra. A mistura da curiosidade por tecnologia, seja tesoura de poda ou aplicativo de inteligência artificial, com perguntas simples, prosa direta, humor ardido e doce ao mesmo tempo, é que confere originalidade à minha identidade artística. Tem a ver com a minha origem que depois, ao longo do tempo, recebeu afluentes que engrossaram o caldo de cultura que construiu a minha identidade no fazer. Dos roteiros do "Porque sim não é resposta", escritos nos anos 1990, passando pela estrutura criativa do jogo "Humano", desenvolvido para o Museu do Amanhã nos anos 2010, pode-se identificar um jeito de fazer perguntas inusitadas que podem facilmente ser encontradas nas reportagens do Ernesto Varela, nos anos 1980, ou nas entrevistas do *Provoca*, hoje na TV Cultura.

Durante a escrita deste livro, entendi melhor o porquê de interromper o início bem-sucedido da minha vida profissional com os estudos acadêmicos na NYU. O mergulho no cinema de Buster Keaton, as dificuldades na adaptação à realidade competitiva de Nova York, as tardes de pesquisa na Bobst, as sessões de cinema com mr. Everson, a síntese preciosa do Brasil via professor Wilson Martins, a iniciação precoce no ITP com a linguagem do hipertexto e o uso de computadores como ferramentas para contar histórias... cada experiência adquirida nesse período em que me afastei da carreira abriu um universo de influências preciosas principalmente para voltar ao trabalho. A temporada aparentemente divorciada de objetivos profissionais concretos em Nova York foi fundamental para o que viria depois. Para resolver problemas, fazemos um liga--pontos de experiências acumuladas. Quanto maior a diversidade de saberes em que você navegar com interesse verdadeiro, melhor será a qualidade da sua colaboração para resolver problemas. Quanto melhor a qualidade das experiências, maior a chance de construir o que ainda não existe.

Na escassez, somos obrigados a encontrar a essência, a ampliar os limites da criatividade.

#HackeandoSuaCarreira
#Criatividade

GOMO 11
PODA: A PEDAGOGIA DO SIM

Haters podem ajudar no aperfeiçoamento da comunicação? Como atualizar a carreira aprendendo com o público? Dá para evitar ataques cibercriminosos com gestos simples do dia a dia? Para encarar os desafios da revolução digital, fui beneficiado com um detalhe extra no meu currículo: a infância caipira na roça. Vou dividir um *cadim* dela *cocês*. *Prestenção*!

O caipira é um ser acostumado a lidar com as incertezas da natureza. Faça chuva, faça sol, ele encara a complexidade de um jeito simples, sempre ancorado em aprendizados já testados com sucesso. É a sabedoria dos antigos, como se diz lá na roça.

Os saberes caipiras servem para qualquer carreira. Vou gastar mais tempo com um deles: a poda. Antes, peralá. Preciso entregar um segredo muito bem guardado do caipira: ele nunca bate de frente com o problema. Pratica com a vida a mesma técnica que usa para comer mingau de milho verde recém-saído do fogo: sempre pelas bordas.

Para aprender algo com o caipira, nunca pergunte de forma direta o que você quer saber. Aproxime-se de mansinho. Diga bom dia, boa tarde, boa noite... Nunca recuse o *cafezim* sempre disponível *em riba* do fogão a lenha. Um dedo de prosa besta é fundamental antes de iniciar qualquer assunto importante, principalmente os urgentes. Para o caipira, assuntos urgentes nunca são importantes. Se assim o fossem, não teriam sido largados ao deus-dará a ponto de se tornarem urgentes, uai. Anota *essaí* pra *num* pisar nos *tomate* antes da colheita.

Para se aproximar do desconhecido, o caipira se faz de besta. Finge não saber das coisas, inclusive das que sabe com profundeza. É uma estratégia sofisticada. Ele se coloca no lugar da criança dentro dele, pronta para aprender coisas novas ou atualizar o já *sabido*.

Há mais de duas décadas, tenho uma casa no meio do mato na Serra da Mantiqueira, na divisa de São Paulo com Minas Gerais, que virou um laboratório de atualizar aprendizados da minha infância caipira. Tudo por conta do contato direto com a natureza e da diversidade espetacular de caipiras autênticos, nascidos e criados na região, longe de qualquer cidade. Quer um exemplo de como funciona a comunicação circular do caipira? Vou contar um *causo procê*.

Um amigo carioca apaixonado pela Mantiqueira se animou a comprar a propriedade de uma vizinha minha, a dona Laurinha, antiga moradora, criadora de leitõezinhos de engorda. Ele concordou com o valor pedido e enviou um mensageiro até o sítio dela aceitando a proposta da velhinha. O negócio não vingou. O amigo me ligou pedindo ajuda. Acionei minha rede de *cumpadis* para assuntar se dona Laurinha poderia me receber em sua casa. Afinal, nunca tínhamos nos encontrado de corpo presente. Com o sinal verde, peguei a trilha a pé pelo mato, mais de uma hora de caminhada. É, meu povo, não tem como chegar de carro ao sítio dos leitõezinhos apetitosos da dona Laurinha. Bati palma na frente da casinha, e uma senhorinha magra e sacudida surgiu. Eu disse bom dia. Ela me olhou de cima a baixo e perguntou se eu aceitava um café. "Sim, obrigado". Entramos e conversamos sobre uma variedade de coisas. Os filhos, os leitões, os problemas de saúde, a dificuldade de se plantar frutas na montanha, as fotos dos familiares dela na parede da sala... Finalmente, a mulher lúcida me olhou firme nos olhos e disparou: "Ô, Marcelo, *ocê num* veio aqui *comprá* meu sítio pro seu amigo carioca, né? Se for o caso, *num* vendo de jeito nenhum". Perguntei o porquê. "Um *ômi* dele veio aqui *fechá* negócio e nem desceu do cavalo pra falar comigo."

O recado de dona Laurinha é cristalino. Para resolver uma questão importante, você tem que descer do cavalo. Ou do salto alto, como diz o outro. A assimetria de falas numa conversa impede o endereçamento dos problemas. Uma boa comunicação começa no reconhecimento das múltiplas dimensões de um encontro. Antes de começar a falar, ouça o ambiente e, principalmente, o outro.

O percurso sinuoso da comunicação caipira tem a função de coletar dados ocultos. É a chamada conversa de cerca, apelidada assim por causa do local onde geralmente os encontros acontecem, a cerca de arame farpado no limite entre terras vizinhas. Ou talvez seja porque a conversa avança em círculos que vão se fechando aos poucos, até finalmente se aproximar da questão central. Os interlocutores compartilham a consciência do esforço comum de aparar as arestas, definir aspectos ainda imprecisos, ainda não falados diretamente. Estabelecida a confiança mútua, as partes caminham para o que importa: a solução do problema. Quer saber o final? Meu amigo carioca desmanchou o casamento dele, mudou de vida e desistiu do negócio. Acabei auxiliando outro amigo urbanoide a ficar com o lindo pedaço de terra da dona Laurinha na Mantiqueira. Final feliz para todos.

Em topo de montanha, as condições da terra são críticas para o plantio. Além do solo pedregoso, as chuvas lavam os nutrientes pirambeira abaixo. Uma realidade bem diferente do calor e da água abundante que corria suave nos córregos do planalto fértil de terra roxa em Ituverava, onde passei a infância. A prática da conversa circular com os caipiras da montanha foi uma pós-graduação em lidar com plantas e, de lambuja, com condições difíceis da vida profissional. Depois de anos fracassando em produzir frutas no clima frio da Mantiqueira, virei amigo de infância de um mestre na produção de pêssegos, quiuís, morangos, amoras e até ameixas de dar água na boca: o meu *cumpadi* Antônio Galo, o Tóim. Com ele aprendi na prática a técnica preciosa sem a qual não tem como produzir fruta: a poda.

A estrutura de uma árvore, lavoura ou floresta funciona como um programa de computador. É um algoritmo que busca sempre o mesmo resultado: manter o fluxo de nutrientes circulando pelo sistema. A essência da natureza é movimento. Só que ela não é besta; ao contrário dos humanos, se movimenta equilibrando o crescimento com a energia disponível ao redor. O caipira inteligente interfere na natureza de modo que se alinhe ao algoritmo das plantas. *Peralá, ocê tá falano* que o caipira interfere na natureza? Claro, uai. Só que nunca batendo de frente com ela. *Afinarrr...* quem é bocó de *brigá cum* trem grandão desse, *sô*?

A poda não é um ataque ao desenvolvimento da planta. Ao contrário, é uma retirada estratégica de galhos que sugam energia sem produzir nada. É uma renovação do sistema. Podar não é dizer "não" para a planta; é dizer "sim". A poda é uma pedagogia do sim, é desenhar com a natureza um caminho novo. Sim, vamos por aqui! Serve para planta, carreira, empresas e sobretudo para aprender o que você não sabe.

Na vida escolar, fui treinado na pedagogia do não. Os professores usavam uma caneta vermelha para apontar os erros com gestos largos. Gritavam "não" em forma de um xis gigante e intimidador. Essa prática, que ainda existe, prejudica o aprendizado. Quando você for ensinar algo a alguém, observe o poder do sim. O momento do aprendizado é precioso demais para gastar tempo valorizando o erro. Isso não significa ignorar falhas; significa não valorizar o erro a ponto de colocá-lo no trono com um grifo em vermelho. Ensinar é investir tempo, com outra pessoa ou com um grupo de pessoas, para descobrir o caminho do aprendizado, o caminho do sim.

Testei na prática a eficiência da pedagogia do sim como professor de desequilíbrio no grupo de teatro de Antunes Filho. Percebi que, quando um ator falhava na tentativa de fazer o exercício, apontar o erro não ajudava em nada. Nem precisava.

Na hora, a pessoa percebia com o próprio corpo que tinha errado. Esquecemos com frequência que a cabeça é parte do corpo. Falando de outra forma, é preciso lembrar que, para aprender, devemos usar o corpo todo. Muitas vezes, a cabeça atrapalha as coisas quando tenta, por exemplo, racionalizar o que acontece, controlar tudo. No exercício do desequilíbrio, o desafio é dosar a tensão entre força e relaxamento dos músculos para que o movimento pelo palco aconteça com o menor gasto de energia possível. Como instrutor, percebia que, para facilitar o aprendizado, era mais eficiente apontar o instante, mesmo breve, em que o aprendiz acertava a dosagem. Nesse momento abria-se o caminho para o entendimento do exercício completo. Essa é a pedagogia do sim.

Para compartilhar o que você sabe, procure consolidar cada passo antes de avançar. Use mais o sim que o não. Ao ensinar, simplesmente mostre como se faz. Se você elimina o tempo gasto apontando erros, sobra mais tempo para o aprendizado prático. É pura matemática. Mais prática com a mão na massa, usando todo o corpo, e menos racionalização, usando só a cabeça. Nada contra o racional. Pelo contrário. De novo, é bom lembrar: a cabeça também é parte do corpo. A dosagem ideal se descobre fazendo. A pedagogia do sim também ajuda a diminuir a distância entre quem sabe e quem não sabe. É um jeito de "descer do cavalo", como ensinou dona Laurinha. É uma quebra da assimetria intimidadora entre professor e aluno. Esta é a essência da arte da poda: eliminar galhos secos ou doentes, os caminhos travados, para desenhar novas trajetórias para o fluxo da seiva do aprendizado.

Só entendi muitas das minhas tomadas de decisão na carreira depois de praticar a poda, a pedagogia do sim aplicada no cuidado com as plantas. Como exemplo, vou usar o pessegueiro, uma árvore fascinante. Cada ramo que brota dos galhos produz frutos apenas uma vez na vida. Sem a poda, a produção de pêssegos não acontece. A falta dela pode até levar à completa esterilidade da planta. Para um pessegueiro, a chamada poda de formação é questão de sobrevivência. Ela define a arquitetura, o desenho estrutural para o crescimento da árvore.

Depois da poda de formação, o pessegueiro experimenta um crescimento descontrolado de novos ramos. No relógio biológico da natureza, é o momento da chamada poda verde, quando são eliminados os ramos "ladrões". Como o nome sugere, são ramos em excesso que servem apenas para desviar os nutrientes e sugar a energia que deveria ir para os frutos. Os ramos ladrões ainda bloqueiam outras fontes primordiais de energia para a planta: a entrada de ar e dos raios de sol. O conceito de poda verde pode ser aplicado à comunicação em geral e a um tipo específico de ladrãozinho de energia em particular: o *hater*. Em ambos os casos, pessegueiro ou *hater*, a poda é fundamental.

Quando lançamos o *CQC*, o elenco dos homens de preto já interagia com o público via Twitter (atualmente chamado de X), Facebook e Orkut, a rede social mais popular entre os brasileiros na época. Depois de um início animador, de muito aprendizado, surgiu um padrão de comportamento tóxico. Era uma turma pequena, mas ruidosa. Gente que inventava qualquer pretexto para atacar o programa com um ódio despejado sem pudor, nitidamente desproporcional à razão alegada na crítica. Em 2008, os *haters* ainda não eram famosos.

Diante do *hater*, a poda parece uma solução lógica. Bloqueia o odiador e tudo resolvido, certo? Errado, o *hater* é especial demais para ser ignorado. Por que uma pessoa que diz te desprezar dedica tanto tempo da vida dela a você?

Há mais de uma década, investigo o fenômeno de forma estruturada. Desde o *CQC*, mantenho no capricho uma área no computador especialmente dedicada aos *haters*. É uma pastinha com nome autoexplicativo: Amam Me Odiar. Funciona assim: toda vez que me sinto atingido emocionalmente por algum comentário agressivo ou por uma afirmação injusta, tiro uma print da mensagem e guardo na pasta. Lá ela vai descansar por pelo menos 48 horas. Sim, a pasta Amam Me Odiar é uma espécie de spa de *haters*: um retiro espiritual para desintoxicar as emoções, uma parada estratégica para descanso da treta, um detox do ódio antes de decidir como reagir à agressão. O spa de *haters* foi inspirado pela constatação da inutilidade de reagir emocionalmente aos odiadores do *CQC*. Da mesma forma que não se deve apagar incêndio com gasolina, não se deve responder a um *hater* com raiva.

O conceito fundador do spa vem do psicólogo e economista israelense Daniel Kahneman, a quem devo o aperfeiçoamento ainda em treinamento da minha maturidade emocional. Em 2002, Kahneman recebeu o Prêmio Nobel de Economia por estudos sobre julgamento e tomada de decisões. O seu trabalho, em colaboração com Amos Tversky, desafiava as teorias tradicionais de que indivíduos agem de forma racional em suas decisões. Mais tarde, a pesquisa foi expandida e traduzida em linguagem mais acessível no livro *Rápido e devagar: duas formas de pensar*. Para efeito didático, o professor divide o funcionamento do cérebro e a capacidade cognitiva em dois sistemas. O sistema 1 é rápido, automático e intuitivo, ao passo que o 2 é o responsável pelo processamento lento e racional dos conteúdos. O economista alerta para o quanto estamos sujeitos a falhas sistemáticas graves na percepção da realidade, quando não há consciência da atuação dos dois sistemas e a mente navega à deriva no emaranhado de emoções. Se você agir nesse estado, será comandado por um viés que influencia a tomada de decisão sob o calor dos acontecimentos.

Ódio é matéria radioativa. Facilmente, você se contamina. Agressões desproporcionais não podem ser tratadas com os ânimos alterados. Partir para a treta é um caminho sedutor, atrai atenção e gera engajamento instantâneo. Se você cai na tentação de viver de tretas na internet, vira dependente químico desse tipo de substância. Sua vida fica chata e doente. Antes que isso aconteça, isole o vírus do ódio, em quarentena dentro da pastinha, pelo tempo que for necessário para baixar a poeira no coração. Dedique o mesmo cuidado aos elogios exagerados. A adoração e o ódio cegos são pistas falsas de quem você é de verdade. O estado da inflamação da vaidade prejudica a percepção dos fatos e a comunicação com o seu público. Ao lado dos *haters*, deixe descansando os que dizem te adorar incondicionalmente. Todos cometem a mesma dissonância cognitiva. Não entre na deles.

Só depois da quarentena, quando juntar uma boa diversidade de hóspedes, você deve abrir as portas do spa. Coloque na mesma tela as mensagens dos que dizem te odiar e as dos que dizem te adorar. Você vai se olhar no espelho através dos olhos de quem te vê com sentimentos exagerados. É uma experiência difícil. Está preparado? Vai a seguir uma pequena amostra do que dizem sobre a minha pessoa (nesses casos, tirei os arrobas para não incitar as paixões, positivas ou negativas). Respire fundo. Se prepare que lá vem bucha!

O Marcelo Tas é um imbecil. Completo imbecil. Tenho nojo de ler o que ele escreve. Ele pensa que é genial. Mas é ridículo.

Eu acho o Marcelo Tas um baita d'um babaca!

O Marcelo Tas me ensinou que "Porque sim não é resposta". Talvez por isso fiquei tão contestador :D

Tas, a tua risada é uma das melhores da TV brasileira. Muito boa de ouvir. Bom ver alguém se divertindo no trabalho.

Tas é mais feio ao vivo que na TV.

Mano, você é careca, fica na sua.

O Marcelo Tas é a única pessoa que pode falar sem parar de política que eu não me irrito.

Você se acha muito!!!

A imagem que o público tem de você, ou da sua empresa, provavelmente não vai bater com aquela que você espera. Perceber as múltiplas interpretações sobre você, muitas vezes incongruentes, ajuda a aperfeiçoar a sua comunicação. Encarar com o coração tranquilo o que dizem enquanto pensam que você não está ouvindo é um exercício de autoconhecimento. Faz bem para a saúde mental. O que você pensa sobre o que pensam de você? É uma oportunidade preciosa para você se aproximar de quem você é.

Agora sim, finalmente, chegou a hora da poda. Atenção: podar não significa bloquear ou eliminar um por um os odiadores. Primeiro você vai escolher com qual deles iniciar uma conversa. Investigue entre os odiadores algum que deixou aberta uma fresta, mesmo que pequena, para o diálogo. Procure dar preferência a quem aponta uma queixa recorrente sobre você. Ao responder a um *hater*, a conversa vale para muitos. Você já sabe, é poda de formação que chama. Você elimina um galho seco que não vai dar mais frutos para favorecer outros em que os nutrientes encontrarão novos caminhos. É a poda, a pedagogia do sim, aplicada à comunicação, gerando novos fluxos de conversas.

A conversa pública deve ser individualizada. Chame o *hater*, se possível, pelo nome verdadeiro dele. Muitas vezes esse ato simples já desmonta a valentia do agressor. Inicie a conversa sem julgar, com uma pergunta sincera, do tipo: "Fulano, você me xingou de careca. Não entendi a ofensa, sou careca desde os 30 anos e convivo bem com a calvície. Me explique melhor: qual é a sua crítica?".

Ouça a resposta com o coração tranquilo, sem pressa de ter razão. Lembre-se de acolher o *hater* como um consultor do seu trabalho. Ele é rigoroso. Vai trazer contribuições valiosas para o aperfeiçoamento da sua comunicação, seja você pessoa física, seja você pessoa jurídica. A técnica vale também para tretas nos grupos de WhatsApp do trabalho, de amigos do passado e até da família. Não entre em qualquer bola dividida. Respire. Aprenda a escolher a hora, o tema e a pessoa com quem iniciar uma conversa para desenrolar a treta.

Como gerente do spa Amam Me Odiar, percebo que *haters* têm padrões manjados. Pelos dados coletados no check-in dos meus hóspedes, imagino que são muitas vezes pessoas solitárias, com baixa autoestima, que agem por impulso em busca de atenção e afeto. São características recorrentes que eles próprios deixam escancaradas na descrição que fazem de si na bio do Twitter (de novo, tirei os arrobas):

Aqui reclamo da vida

Anjo Vingador

Tomando choques de realidade todos os dias!

Incorrigível, corinthiano doente!

Não me odeie por falar a verdade.

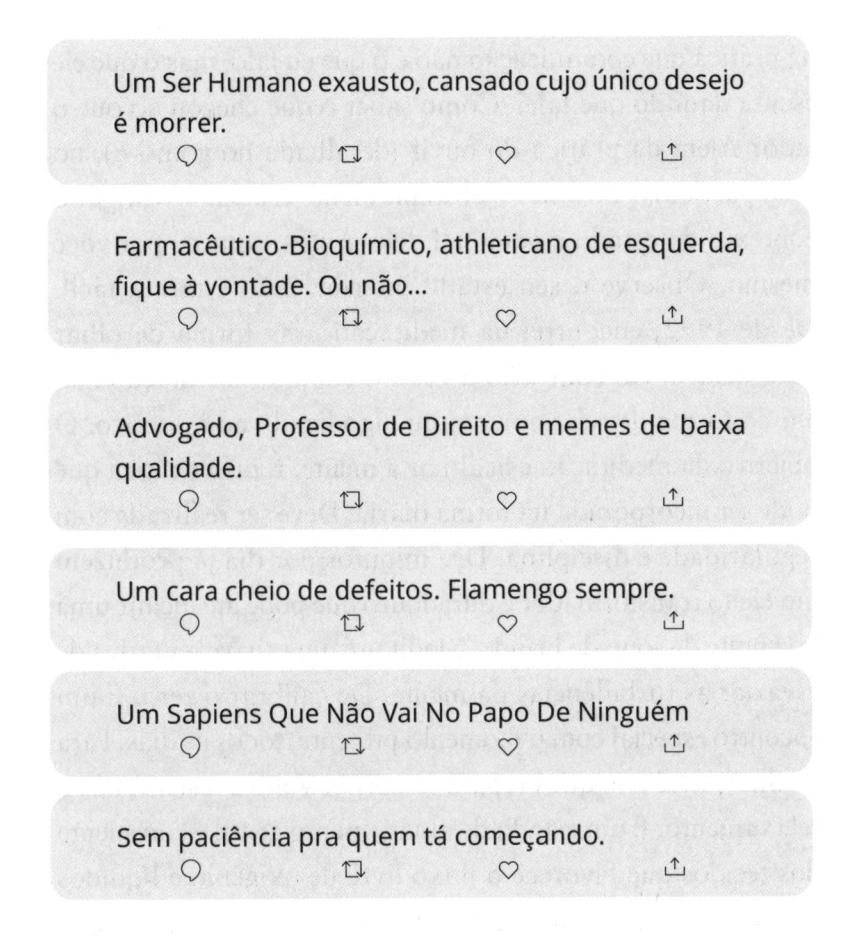

> Um Ser Humano exausto, cansado cujo único desejo é morrer.

> Farmacêutico-Bioquímico, athleticano de esquerda, fique à vontade. Ou não...

> Advogado, Professor de Direito e memes de baixa qualidade.

> Um cara cheio de defeitos. Flamengo sempre.

> Um Sapiens Que Não Vai No Papo De Ninguém

> Sem paciência pra quem tá começando.

Quem odeia ou adora é movido por paixão. Não por acaso, na descrição que meus hóspedes fazem de si mesmos as referências a futebol e política são recorrentes. Viver no calor das emoções é sedutor. Afinal, quem não quer se apaixonar, não é mesmo? A paixão está sempre no topo da lista dos desejos humanos. Só que lidar com informações de forma passional favorece a distorção da percepção da realidade.

O spa Amam Me Odiar nunca fecha. Tem sempre alguém entrando ou saindo. Cada hóspede, à sua maneira, me ensina na prática que comunicação não é o que eu falo, mas o que ele escuta daquilo que falei. Como saber o que chegou ao outro lado? Além da prática do ouvir (detalhada no gomo 6), no caso particular do *hater* é absolutamente crucial investigar o contexto do estado emocional dele. Antes, comece por você mesmo. Observe o seu estado interior. Não é tarefa fácil. Desde 1992, encontrei na meditação uma forma de olhar para dentro. Ao contrário do senso comum, meditação não é uma forma de relaxamento ou algo ligado ao esotérico. O objetivo da meditação é acalmar a mente. É uma prática que pode ser incorporada na rotina diária. Deve ser realizada com regularidade e disciplina. Dez minutos por dia já produzem um efeito transformador e duradouro que pode até incluir uma boa noite de sono de brinde. Meditar é uma suave tentativa de esvaziar as turbulências da mente. De calibrar o zero. É um encontro especial com o momento presente, todos os dias. Para meditar, você tem que preparar o corpo. Volto a insistir, não é relaxamento. É um estado de alongamento gentil e consciente dos tecidos que favorece o fluxo livre de oxigênio e líquidos pelo corpo. Há outras formas de buscar estado semelhante: estar na natureza, ouvir música, cuidar de plantas, praticar esportes... atividades que promovem a atenção ao agora. São formas de sair da agitação usual do dia a dia para um outro estado em que experimentamos o fluxo natural do tempo. Procure o seu jeito de acalmar a mente e experimentar contato com o presente e com o seu ser interior. Você vai ganhar uma base sólida que o ajudará até a aproveitar melhor o tempo na agitação do trabalho. Na era digital, é crucial transitar com o coração tranquilo por esses dois estados, entre o rápido e o devagar. Além dessas duas formas de pensar, hackeadas por Daniel Khaneman, vou citar outras dualidades que me parecem favorecer a prática da comunicação com *haters*. Na fisiologia humana, o sistema nervoso é dividido entre dois ramos principais: o sistema nervoso simpático, ativado em situações de estresse, como mecanismo de defesa ou de fuga; e o sistema nervoso parassimpático, que atua em situações de repouso e restauração do equilíbrio interno, a homeostase.[20] Na agricultura, há uma dualidade entre os conceitos de entropia, a tendência natural da natureza se tornar caótica, indo da complexidade para a desorganização; e o conceito de sintropia, criado pelo agricultor e pesquisador suíço Ernst Götsch, em que o plantio consorciado com diversidade de espécies favorece o desenvolvimento de uma complexidade de nutrientes que deixa o solo mais fértil e sustentável.[21] O conceito de dualidade, presente na filosofia desde Platão, não significa a mera oposição. Sugere a prática da coexistência e da interdependência. É o contrário do estado de polarização que deseja antes de tudo que o outro desapareça. O ato de trancafiar pessoas e ideias em lados opostos, fixos e imutáveis impede qualquer possibilidade de diálogo. Há que se ter muito cuidado com a tendência à intolerância que divide o mundo entre nós e eles. A natureza humana é complexa demais para separar indivíduos em lado A e lado B. No mundo real, existem pessoas negras racistas, gays de direita, machistas de esquerda e católicos a favor da descriminalização do aborto. Há que se praticar a dualidade como uma dinâmica para destravar a estagnação das conversas. Como no exercício do "Desequilíbrio" que aprendi no teatro com Antunes Filho (detalhado no gomo 7), é justamente a dualidade entre tensão e relaxamento que conduz o movimento do ator pelo palco.

A natureza está repleta de fenômenos aparentemente opostos que coexistem para a renovação dos sistemas, como o dia e a noite. Bem diante de nossos narizes há uma preciosa dualidade que nos acompanha a cada instante: a respiração. O tempo todo, o ar entra e o ar sai do corpo. Você inspira, você expira, mesmo sem querer ou perceber. A consciência ativa da respiração é uma chave fundamental para a boa comunicação em geral e para lidar com o *hater*, em particular. A hipótese de como cada uma dessas interdependências se relaciona – rápido e devagar; expiração e inspiração; sintropia e entropia; sistema nervoso simpático e parassimpático... entre outras dualidades – é objeto de estudo permanente na minha carreira. A consciência sutil e atividades práticas ligadas a esses conceitos, como meditar e lidar com plantas, contribui imensamente para o contínuo aperfeiçoamento da minha maturidade emocional para ouvir o outro.

Ao longo dos anos, aprendi a não agir movido por agressões ou elogios exagerados. Com o distanciamento das emoções, entendi que as mensagens com exagero de ódio ou adoração não eram necessariamente sobre mim, mas sobre como sou percebido no mundo que consome e espalha notícias de forma cada vez mais acelerada. A liberdade de expressão é um dos meus valores mais preciosos, só que em nome dela não se deve aceitar tudo que chega sem a devida resposta. Mentira é coisa antiga. Com as redes sociais, as fronteiras entre notícia, opinião e acusação sem fundamento ficaram ainda mais difusas e invisíveis. A aceleração da comunicação favoreceu o espalhamento de desinformação travestida de notícia. Na década de 2010, a modalidade experimentou um crescimento exponencial, impulsionada especialmente pela furiosa disputa eleitoral de 2016 nos Estados Unidos, que elegeu Donald Trump. A velha mentira turbinada pelo digital popularizou um novo termo: *fake news*.

Em 2013, durante a Maratona de Boston, um ataque terrorista causou a morte de três pessoas, feriu centenas de outras e incitou uma explosão de desinformação. O amontoado de distorção dos fatos inspirou cientistas do Media Lab e do Sloan no Massachusetts Institute of Technology (MIT) a iniciar um longo estudo sobre como as notícias, falsas e verdadeiras, circulavam no Twitter. O artigo "The Spread of True and False News Online" [O espalhamento de notícias verdadeiras e falsas on-line, em tradução livre], publicado em 2018 na revista *Science*, analisou mais de 126 mil tuítes disparados entre 2006 e 2017.[22] Alguns números da pesquisa não deixam dúvida sobre o desafio gigante que as *fake news* representam para o debate público. Notícias falsas têm 70% mais probabilidade de serem retuitadas que as histórias verdadeiras, e se espalham até 20 vezes mais rapidamente que os fatos. Ao contrário da hipótese dos pesquisadores, os responsáveis pelo espalhamento não eram os *bots*, perfis falsos programados como robôs, mas seres humanos como eu e você.

Já tive que lidar com diversos tipos de notícias falsas criadas sobre mim. Vou usar como exemplo uma história que, de tão patética, nem chegou aos programas de fofoca da TV aberta. No Twitter, o atual X, até hoje, tem gente que acredita que eu sou um espião a serviço do governo norte-americano.

Em 2011, a Embaixada dos Estados Unidos no Brasil me convidou para um encontro com Alec Ross, consultor sênior de inovação do governo Barack Obama. Em 2008, a eleição do presidente norte-americano foi considerada um marco no uso estratégico da internet para mobilizar apoiadores e arrecadar fundos de campanha. O encontro com o ilustre visitante se deu num local sugerido por mim. *Quem sabe tenha algo a aprender com esse cara*, pensei. No dia 27 de abril, uma quarta-feira, na mesa do Octávio Café, na avenida Faria Lima, em São Paulo, o consultor de Obama disparou uma pergunta para mim: que habilidades especiais os brasileiros possuem – as tais *soft skills* – para se comunicar tão bem nas redes sociais? Escrevi num pedaço de guardanapo a equação com a palavra-chave em português de brasileiro que ele deveria aprender:

GAMBIARRA = LACK OF TECH + CREATIVITY

Era a síntese do artigo "Brasil, a nação do improviso", que escrevi em dezembro de 2009 para a edição internacional do *The New York Times*. Lá eu conto a história de José Júnior, habitante de Taperoá, Paraíba, que transformou duas motos quebradas numa espécie de tratorzinho improvisado para transportar leite da zona rural para a cidade.[23] A minha tese, em resumo, é que, no Brasil, a ausência de recursos tecnológicos estimula a inovação e a criatividade.

No mesmo dia, mr. Ross tuitou o aprendizado:

> **@AlecJRoss**
> Recebi um tutorial divertido do comunicador @MarceloTas sobre GAMBIARRA – o conceito brasileiro de criatividade + tecnologia. #Brasil

Na época, Ross servia no gabinete de Hillary Clinton, secretária de Estado de Obama. Quatro anos depois, em 2015, quando a ex-senadora de Nova York se lançou candidata à presidência dos Estados Unidos, uma investigação do FBI trouxe à tona dados extraídos do computador pessoal dela. Entre as mais de 30 mil mensagens, havia uma em que o meu nome estava no assunto do e-mail! Era o Alec mencionando o nosso encontro e se vangloriando pelo fato de um tuíte dele, comentado por mim, ter se espalhado entre os meus seguidores no Brasil. O que hoje é óbvio, na época parecia algo extraordinário a ser tratado como estratégia de comunicação de governo.

Ao longo da vida troquei com Alec não mais que meia dúzia de mensagens no Twitter, todas públicas, sobre assuntos diversos, como faço todos os dias com centenas de perfis que sigo na plataforma. Como único brasileiro citado, além da presidente Dilma Rousseff, na avalanche de e-mails jorrados do laptop da Hillary, acabei virando notícia no Brasil. "A novidade é o Estado americano me achar relevante", brinquei com a repórter da *Folha de S.Paulo* que me procurou.[24] No ano seguinte, a WikiLeaks, organização fundada por Julian Assange, publicou todo o conteúdo da investigação na internet. Aproveitando o ruído, Donald Trump, adversário de Hillary na corrida presidencial, inventou fatos contra a candidata democrata com seu estilo característico. Perto das eleições, Hillary foi inocentada, mas mesmo assim Trump venceu e a expressão *fake news* se popularizou, num sinal claro da polarização política que contaminaria os Estados Unidos e o mundo.

No Brasil, polarização semelhante fez meu nome ressurgir ligado a Hillary Clinton por conta de um tuíte do influente jornalista e advogado norte-americano Glenn Greenwald, na época morando no Rio, de onde comandava o site *The Intercept*.

> **@ggreenwald**
> Interessante email do arquivo de Hillary sobre como usaram @MarceloTas para "validar e ampliar" mensagens dos EUA.

Observe o detalhe: Glenn usa "interessante", uma palavra difusa, ao lado de um fato já noticiado, com um novo recorte. Na imagem gráfica anexada ao tuíte, o advogado e jornalista insere setinhas coloridas que identificam Alec Ross como "consultor oficial sobre uso da internet para disseminar propaganda pró-EUA". Disparado às 10h25 da manhã, em 14 de outubro de 2016, um ano depois da matéria da *Folha*, o tuíte instantaneamente estimula novas interpretações da notícia. Às 11h12, menos de uma hora depois do tuíte de Glenn, a seguinte manchete estampava a página inicial do blogue do jornalista Luis Nassif: "Como Hillary Clinton cooptou Marcelo Tas".[25] O profissional veterano, que já atuou nas redações de *Folha*, *Veja* e *Estadão* e foi agraciado com um Prêmio Esso, não elucida no texto como, quando e onde fui cooptado. Mas vai mais longe: garante, com todas as letras, que eu tinha tomado o tal café com a própria Hillary! Como o experiente Nassif chegou a essa interpretação? A pressa talvez explique o escorregão do colega com os fatos. No Paraná, o jornalista e advogado Esmael Morais, responsável por um blogue que se autodefine como "um dos sites políticos mais acessados do estado", reforça que Glenn Greenwald sabe o que eu fiz "no verão passado", que eu seria um "agente" do Tio Sam. Até hoje, tais "fatos" continuam publicados nos blogues de Nassif e Esmael.[26] No Twitter, sazonalmente, ainda aparece gente me acusando de ser um "espião norte- -americano". Interessante, né?

Interessante também é que essa parece ser uma prática recorrente de Greenwald. No *Urban Dictionary*, dicionário virtual e colaborativo de gírias em inglês, existe o termo *"greenwalding"*, definido desta forma: "Escolher um fato e tirá-lo de contexto para difamar alguém, verbete criado em homenagem ao advogado e autor Glenn Greenwald". O célebre biólogo britânico Richard Dawkins já se pronunciou publicamente sobre a atuação de Glenn e teve a sua contribuição incluída no verbete.[27] Vou me permitir uma tradução livre para o português. Como Greenwald é chamado de Verdevaldo[28] por alguns jornalistas que criticam seu método de fazer jornalismo, o verbo *greenwalding* vai ficar *verdevaldear*. Nesse caso, a definição do cientista Richard Dawkins para o verbo fica assim: "Richard Nixon gostava de *verdevaldear* seus adversários. Goebbels era um mestre na arte do *verdevaldear*. O neurocientista norte-americano Sam Harris é *verdevaldeado* com frequência".

Em 2020, o Instituto Reuters de Jornalismo, na Universidade de Oxford, publicou um estudo separando a desinformação praticada na covid-19 em dois tipos: fabricada e reconfigurada.[29] Surpreendentemente, a análise dos dados mostrou que a maior parte das *fake news* (59%)

não eram notícias falsas na origem. Eram fatos legítimos ligeiramente distorcidos ou reconfigurados. É a parte mais relevante do caldo de desinformação que a percentagem de *fake news* raiz, digamos assim, totalmente inventadas (38%). O estudo conclui ainda que a ampla maioria do engajamento (69%) vinha de figuras célebres, como políticos, jornalistas e influenciadores em geral. Interessante mesmo, né, Glenn? *Data venia*, espero ter explicado a distorção dos fatos impulsionada pelo ilustre advogado que levou alguns desavisados à conclusão de que eu seria um espião do Tio Sam. Qualquer dúvida, você já sabe. O spa Amam Me Odiar está sempre aberto para novas conversas.

Eu cuido das *fake news*, as ervas daninhas da comunicação, com o mesmo carinho que dedico às plantas da minha horta. A desinformação avança com mais eficiência na mente de quem não toma cuidado contra pragas e links maliciosos. Trate sua interação no mundo digital com o rigor de roceiro atento. Identifique e procure dar destino aos spams, odiadores, desinformadores e golpistas em geral. Um por um. No início, parece um trabalho interminável. Com o tempo, os ruídos diminuem e você verá surgir gente que antes estava calada, provavelmente constrangida pelo acúmulo de ervas daninhas na sua rede social. Seja você pessoa física ou jurídica, abra espaço para a conversa. Geralmente a treta se dissolve em duas ou três interações. Em outros casos, não tem jeito. É fácil perceber quando o objetivo da pessoa ou do grupo de pessoas é puramente a própria treta. Quando encontrar um caso perdido, uma praga incansável, aplique a técnica apresentada neste gomo: poda neles! Nunca no sentido de cancelar, mas de apontar caminhos para renovar a conversa. Pratique a pedagogia do sim.

Depois da poda, surgem novas ervas daninhas? Claro que sim. Na roça, na vida e na comunicação o trabalho da poda não tem fim. É a graça do jogo. Você me acha ingênuo por sugerir que a natureza pode nos ensinar a lidar com a complexidade da comunicação atual? Provavelmente sou. Me identifico com a etimologia da palavra "ingenuidade", no sentido de alguém nascido livre, com sentimentos nobres, franqueza e honestidade. Não recomendo a ingenuidade cega que pode funcionar como negação da realidade; recomendo a ingenuidade do caipira. Alguns psicanalistas a chamam de ingenuidade consciente. É o ato de se colocar num lugar de observação para a construção de algo comum. É um espaço em que você se coloca esperançoso e, ao mesmo tempo, preparado para conviver com a frustração. Você vai viver menos paranoico e desconfiado. Vale a pena praticar. Não tenho problema algum em ser julgado como ingênuo por colocar o cruzamento de arte, educação e tecnologia como meu propósito de vida. É isso mesmo. Aperfeiçoar a minha e a sua comunicação é o que me move.

Para o caipira, assuntos urgentes nunca são importantes.

#HackeandoSuaCarreira
#PedagogiaDoSim

FINAL
O DOCE DE LEITE

De quem é frase "A diferença entre o remédio e o veneno é a dose"? A internet sugere Platão, Clarice Lispector e até autores desconhecidos de livros de autoajuda. O resultado da pesquisa confirma o conceito embutido na frase. Dependendo do uso que você faz de uma substância ou ferramenta, como um buscador de internet, você entra no caminho da cura ou do agravamento da doença. Você se aproxima ou se afasta da solução do problema.

O autor verdadeiro é Paracelso, pseudônimo do médico Philippus Aureolus Theophrastus Bombastus von Hohenheim, que viveu na virada do século 15 para o 16, na região onde hoje fica a Suíça. Antes de Paracelso, o tratamento das enfermidades tinha como base tradições antigas, como as de Hipócrates. O pai da medicina enfatizava a importância de quatro líquidos no corpo: sangue, fleuma, bile amarela e bile negra. Acreditava-se que as doenças eram causadas por um desequilíbrio desses humores.

O tratamento médico se limitava à tentativa de retirar do corpo, através da sangria e do vômito, os líquidos que causavam o desequilíbrio. Considerado o fundador da toxicologia, Paracelso foi pioneiro em investigar o uso de remédios para tratar as doenças. Eram tempos em que uma crise de sífilis atormentava a Europa. O cientista suíço testou com sucesso o uso de mercúrio para o reestabelecimento da saúde. Para cada paciente, uma dose diferente, compatível com a condição clínica e incidência da enfermidade. A inovação causou controvérsia na comunidade médica, apegada aos métodos arcaicos. A nova abordagem de Paracelso abriu os caminhos da medicina contemporânea. Foi um vetor na eterna busca de conhecimento para o bem-estar dos humanos dentro de seus próprios corpos.

A descoberta da dose certa é algo essencial em qualquer área. Inclusive, e especialmente, na tomada de decisões na carreira. Vale para a dosagem ideal entre teoria e prática, bem como para coisas do dia a dia, como o tempo dedicado ao uso de aplicativos no celular. Se você já trocou três mensagens por WhatsApp tentando resolver um ruído surgido com a equipe no trabalho, melhor marcar um encontro presencial. Caso contrário, as relações podem ficar envenenadas.

A descoberta da dosagem ideal pode levar uma vida inteira. Tive a sorte de virar aluno precoce de mestres da vida prática. Com meu avô João Athayde, o baiano cansado, aprendi que se deve dosar até o uso do bom senso. Numa das raras vezes em que ele não foi trabalhar, ficou em casa adoecido, e me confiou a gestão do dia na fazenda, tive que lidar com um imprevisto grave. Ansioso para assumir a responsabilidade inédita, recebi de cara a notícia de que uma das melhores vacas da fazenda tinha passado a noite atolada no brejo. Convoquei os peões, pegamos os equipamentos e partimos para o resgate. Depois de muito pelejar na lama, conseguimos içar a produtora de leite campeã, totalmente exausta, para a carroceria da camionete e de lá para dentro do curral coberto, para passar a noite protegida do sereno frio da noite. Na volta à cidade, ao fazer o relato entusiasmado da epopeia para o vô João, levei uma tremenda bronca. "Que burrice gigante, menino, amanhã a vaca amanhece morta!" "Uai, como assim, vô?" O cimento gelado do curral iria agravar a friagem que já tinha tomado os músculos dela, impedindo a vaca até de ficar sobre as quatro patas. O lugar ideal para acolher o animal ferido seria sobre o manto natural de capim, debaixo de uma árvore, como a mangueira que fica exatamente em frente ao curral. A lição custou caro. No dia seguinte, batata, a vaca estava morta.

Outra dosagem importante a ser calibrada é como você ocupa a cidade onde mora. Se você circula apenas no seu bairro ou regiões semelhantes, convivendo com gente de mesma classe social, mesmo partido arquitetônico, político ou artístico... você pode perder uma vida inteira sem conhecer o lugar onde vive. Uma ação prática para tirar você da bolha é o voluntariado. Eu só descobri a minha imensa ignorância sobre a cidade de São Paulo depois de me tornar voluntário na Casa do Zezinho, instituição de educação de excelência localizada na Zona Sul, fundada por Dagmar Garroux, a tia Dag. Me aproximei da Casa para "dar uma força", fazer uma espécie de caridade como instrutor de meninas e meninos da quebrada numa oficina de vídeo. Ao longo dos mais de vinte anos que lá estou como voluntário, aprendi com eles algo bem mais importante: a ser cidadão. Agradeço sempre aos Zezinhos e Zezinhas por me ensinar na prática como se encara o corre da vida com prontidão e coragem. Com eles aprendi a rimar afeto com papo reto e admirar a arte potente que brota do Capão Redondo, Parque Santo Antônio e Jardim Ângela, onde tenho orgulho de compartilhar amizades e parcerias na caminhada.

Lá na minha infância em Ituverava, ainda tive a sorte de fazer um curso de pós-graduação sobre a dosagem ideal na casa ao lado de onde nasci, com aulas práticas da minha avó Geralda e da irmã dela, a tia Neguinha. Craques na culinária, promoviam com frequência uma competição particular: quem faz o melhor doce de leite de Ituverava? Cresci na beira do fogão acompanhando a disputa olímpica. Como feiticeiras enlouquecidas, cada uma com seu tacho de cobre fumegante, elas se provocavam em voz alta enquanto mexiam sem parar o caldo cor de caramelo. Cabia a mim a função megaprivilegiada de juiz da disputa. Depois de longa preparação, as competidoras colocavam suas obras gastronômicas na minha frente para eu indicar a vencedora da disputa. Sim, eu era uma espécie de VAR de doce de leite. Antes do veredito final, eu fazia suspense, fingia estar em dúvida para saborear os pratinhos de doce até a última lambida.

Uma receita culinária é semelhante a um algoritmo de computador: uma sequência de instruções que devem ser executadas para produzir um resultado. O algoritmo de um doce de leite é o seguinte: junte 2 litros de leite, 3 xícaras de açúcar e meia colher de chá de bicabornato de sódio. Ferva em fogo médio, mexendo sem parar, para que a mistura não grude nem transborde da panela.

Como uma sequência de comandos e ingredientes tão precisos pode produzir resultados tão diversos? Há doces de leite escuros, claros, duros, moles, secos, cremosos, de comer com a colher, de comer com as mãos... Cada tipo ainda se divide entre os doces péssimos, os ruins, os bons, os muito bons, os maravilhosos, os supermavilhosos e, lá no topo, disputando a taça, o da vó Geralda e o da tia Neguinha.

Para entender como uma mesma receita, um mesmo algoritmo, gera resultados diferentes, vamos voltar a Paracelso. Qualquer desvio na dosagem dos ingredientes ou na forma de mexer a panela pode entornar o caldo. Literalmente. Tia Neguinha, por exemplo, usava um recurso não previsto na receita: em certo momento da fervura, ela colocava um pires sobre o líquido borbulhante. O disco de porcelana entrava em cena no último ato do cozimento, quando ela estrategicamente aumentava o fogo de médio para alto. Flutuando sobre a agitação do leite quente, o pratinho contribuía para engrossar o caldo e evitar o transbordamento. O objetivo era atingir o famoso "ponto do doce". Alta tecnologia a serviço da gostosura. Para resolver o mesmo problema, o tal ponto do doce, vó Geralda usava sua habilidade ninja com a colher de pau. Com gestos firmes e ágeis, ela domava o *tsunami* das ondas cor de caramelo com maestria.

Quantos segredos existem dentro de uma mesma receita de sucesso? Certamente muitos. Qual é o momento certo de tirar uma amostra do doce em fervura, por exemplo, para testar na boca se a quantidade de açúcar está correta? Um pequeno escorregão na dose pode comprometer todo o trabalho. O doce pode ficar doce demais ou de menos. Basta uma decisão equivocada para a vaca ir pro brejo. Ou melhor, morrer mesmo depois de resgatada com vida do lamaçal.

Com o fascinante aprendizado de fazer doce de leite, desconfiei que tudo aquilo que aprendia na escola não bastava para tocar a vida. Que há coisas importantes que não estão nos livros, nem nas receitas, nem no Google. É uma excelente notícia para quem está no processo de escolher uma carreira, ou para quem já está nela há tempos, e percebeu que hoje, em qualquer área profissional, todos estamos aprendendo sempre. Tudo muda, o tempo todo. Há sempre uma nova forma de aprender as coisas, tanto as novas quanto as antigas.

Mesmo em transformações tecnológicas robustas não basta seguir o algoritmo. O termo inteligência artificial apareceu numa carta de 31 de agosto de 1955, assinada por um grupo de cientistas à Fundação Rockefeller. Eles pediam apoio para a realização de um encontro no verão do ano seguinte. Durante dois meses, dez pesquisadores ficariam em regime de imersão total na Universidade de Dartmouth, nos Estados Unidos, em torno de um objetivo detalhado na mesma carta: estudar a possibilidade de que cada aspecto de aprendizado ou inteligência seja descrito de forma tão precisa que uma máquina possa ser criada para resolver problemas como fazem os humanos e seguir aprendendo por si próprias.[30]

De lá para cá, como sabemos, o conceito experimentou avanços exponenciais. As máquinas levaram décadas para aprender a jogar xadrez e reconhecer imagens. Mais recentemente, no início do século 21, com o aumento do poder computacional e avanços no estudo das redes neurais – modelos computacionais inspirados no cérebro humano –, a inteligência artificial ficou acessível pela primeira vez a um simples clique no celular, virando assunto até no botequim. A chamada Inteligência Artificial Generativa pode ser treinada com dados do passado – é capaz de varrer instantaneamente gigantescas coleções de textos – para responder através de linguagem natural, simulando a interação entre humanos. A democratização da ferramenta poderosa pede um debate amplo sobre ética e transparência. A transformação robusta, curiosamente, nos coloca de novo diante da tarefa essencial de sempre: fazer boas perguntas.

Todo avanço tecnológico é um desafio para a criatividade. De que adianta um robô turbinado na inteligência artificial, capaz de hackear vasta amplitude de dados, sem alguém capaz de fazer a pergunta certeira para buscar os saberes não previstos no algoritmo? Nutrir o discernimento para encontrar a dúvida legítima é valor que continua no topo da lista das necessidades para uma carreira bem-sucedida. A habilidade de fazer perguntas é essencial para encarar a realidade complexa. Diante do oceano de informações, lançar perguntas sem qualidade ou solicitações difusas não resolve problema algum. Resulta apenas no aumento de ruído. Conhecer, aperfeiçoar, desenhar estratégias e dosar o uso da tecnologia continua o mesmo desafio desde a invenção da roda. Em cada momento da história, você deve assumir sua responsabilidade pela escolha da dose certa no uso do acelerador, do freio ou de simplesmente observar atento o fluxo dos acontecimentos revelar o caminho.

A dose certa também tem tudo a ver com os ensinamentos da roça. Na natureza, as coisas não se movem com pressa, mas com agilidade. Sempre com o propósito de preservar a saúde do sistema, ou, como dizem os manuais das empresas conscientes, a sustentabilidade.

O treinamento com os caipiras me ensinou a reconhecer com mais nitidez os estágios da vida de uma fruta: verde, madura e passada. O aprimoramento dessa percepção – um treino que envolve técnica e intuição – vale tanto para escolher qual fruta comprar no mercado quanto para as tomadas de decisão na carreira. Uma habilidade fundamental para não ficar mofando no cargo ou num projeto que já não se renova como deve ser.

Uma fruta, um projeto ou uma estratégia de carreira passam inevitavelmente por arcos de tempo semelhantes: plantio, brotamento e maturação. Para fazer o doce de leite perfeito, cultivar mexericas de dar água na boca ou manter a vida profissional criativa, é crucial, antes de tudo, conhecer bem os algoritmos, as formas e detalhes do fazer. Depois, ter o pescoço mole para identificar as fragilidades do processo e flexibilidade para ajustar o caminho quando for preciso. Há um equilíbrio sutil entre os saberes e os fazeres. Ou melhor, um desequilíbrio. Descubra a dose certa para se movimentar e temperar os aprendizados com a prática.

Eu acredito em transformar sonho em realidade. Quanto mais você usa uma receita para atingir um resultado, menos você depende dela para a coisa dar certo. Com o treinamento constante da dosagem ideal, os frutos são plantados, cultivados e colhidos na hora certa, antes que apodreçam dentro das gavetas das ideias geniais nunca realizadas. Quantas sementes de boas intenções deixaram de germinar porque ficaram largadas em solo infértil, longe da luz do sol ou simplesmente intimidadas pelo apego do criador à criatura? O sufocamento invisível que muitas vezes impomos aos nossos próprios desejos é uma armadilha frequente na vida e na carreira. Repare bem. Fique atento. A cada momento há uma tensão ideal para manter a corda esticada e extrair o melhor som do seu instrumento.

Qual é o momento certo de agir diante do tacho fervente do doce de leite da vida? O meu *cumpadi* Tóim Galo lá da roça na montanha, com a clareza de quem vive com o pé no chão e o coração na natureza, mandou essa: "Na hora de plantar uma planta, *ocê* tem que *apalpá* a terra com a força de quem segura um *passarim* machucado. Com firmeza suficiente pra não *deixá* ele voar antes de ficar *bão* pra voltar para a natureza e com a suavidade necessária pra não *piorá* o ferimento do bicho". Sentiu a belezura da explicação da dose certa para pegar a sua vida com a mão?

Para encarar a carreira na era da comunicação exponencial, não é aconselhável ficar lamentando a aceleração da tecnologia, nem querer guardar e processar toda a informação disponível de uma hora para outra. Inovações acontecem o tempo todo, algumas com a promessa de mudar tudo de novo. Na vida real, não é assim. O dia continua com 24 horas. Cada minuto, com sessenta segundos. Respire.

Não é uma baita ironia que, para funcionar, a inteligência artificial dependa de uma boa pergunta? Continua valendo o antigo ensinamento: quem constrói, destrói ou aperfeiçoa as coisas é quem usa a ferramenta. A responsabilidade por regular o uso deve ser compartilhada com transparência e por toda a sociedade. A tarefa de cada um é dosar a ansiedade pelo que virá, a curiosidade para aprender e a mão na massa para fazer acontecer. Essa é a graça da coisa.

Repare bem. Há um bailado entre o que você sabe e o que não sabe. Sua tarefa é encontrar o ritmo para dançar a música. Sem a consciência de que existe uma vastíssima parte do universo desconhecida, não há como lançar a pergunta sobre o que quer descobrir. Cuide bem de conservar e conversar com a sua floresta de dúvidas. Ela vai responder de volta com frutos saborosos e animais fascinantes.

Se você chegou até o último gomo deste livrinho, receba a minha gratidão e um alerta. Vou reforçar algo importante que já disse: comunicação não é o que eu escrevi, é o que você interpretou do que está escrito. Use e abuse do que percebeu como relevante para a sua experiência de vida. Há uma lista de referências com as fontes das informações e alguns livros que me acompanham desde sempre. Procure fazer o mesmo: estude, pesquise, registre, reconheça, aprenda e dê crédito às suas fontes. Compartilhe com a sua rede. Vamos juntos manter a circulação saudável de nutrientes na floresta de conhecimento. Agora é com você. É a sua vez de fazer o doce de leite, do seu jeito, buscando a sua dosagem. É você quem está no comando do tacho fumegante da vida. Aprenda e divirta-se sempre. Boa sorte.

P.S.: Como você sabe, pratico o verbo ouvir. Será uma alegria acolher os seus achados e críticas ao livro: hackeando@marcelotas.com.br.

AGRADECIMENTOS

Para escrever *Hackeando sua carreira*, consultei e entrevistei profissionais de segmentos diversos com os quais aprendi conceitos relevantes para o livro e para a vida. Antes da escrita, gravei em áudio cerca de uma dezena de sessões de conversas nas quais o jornalista André Barcinski me ajudou a hackear minha própria carreira com perguntas curiosas e certeiras.

Dentro de casa e ao redor, minha família, amigos e colaboradores foram de uma paciência e afeto imprescindíveis. A cada um, minha gratidão pela colaboração neste livro.

Aimar Labaki, dramaturgo
Alexandre Saadeh, psiquiatra
Andrea Lima, médica acupunturista
Antônio Galo, agricultor orgânico
Bel Kowarick, atriz

Bráulio Mantovani, roteirista
Carlos Lucena, assistente
Cassiano Elek Machado, editor
Cla Kowarick Athayde, estudante
Claudia Kopke, figurinista
Clarissa Melo, editora
Cynthia Zanotto, agrônoma e paisagista
Dagmar Garroux, educadora
Dario Vizeu, curador
Diego Barredo, diretor de TV
Dora Veloso, assistente
Fernando Exel, engenheiro
Fernando Meirelles, cineasta
Flávio de Carvalho, físico
Gilson Tanaka Shinzato, fisiatra
Gonzalo Marcó, diretor de TV
Hugo Barreto, produtor executivo
Jacques Stifelman, psiquiatra
João Athayde de Souza Migliorini, advogado
João Fernandez, gestor de negócios
Luc Athayde-Rizzaro, advogado
Ludmila Tavares, empresária
Marcelo Machado, cineasta
Marcello Dantas, curador
Maria da Luz, professora
Marina Castro, editora
Mário Eduardo Viaro, linguista e tradutor
Marco Aurélio Gois, roteirista
Miguel Kowarick Athayde, estudante
Paulo Morelli, cineasta

Ravi Shankar, músico (a trilha sonora da escrita)
Renato Meirelles, pesquisador
Sandra Julieta Athayde Bonadio, psicóloga
Sérgio Kochen, engenheiro
Sérgio Zeigler, diretor de TV
Silvio Meira, cientista
Turma 75 da EPCAR – Escola Preparatória de Cadetes do Ar
Turma do *Cê-Viu?*, jornalzinho anarquista da Poli
Turma da Olhar Eletrônico
Valéria Senne, eutonista
Vitor Costa, instrutor de Gyrotonic
Val Canhestro, fisioterapeuta de RPG

NOTAS

1   DAVIS, Ryan R.; HOLLIS, Thomas. Autoimunidade: por que o corpo age contra si mesmo? *Unesp para jovens: Saúde humana*, São Paulo, 7 dez. 2022. Disponível em: https://parajovens.unesp.br/autoimunidade-por-que-o-corpo-age-contra-si-mesmo/. Acesso em: 23 jun. 2023.
2   VARDALAS, John. Your Engineering Heritage: Pulse Code Modulation: It all Started 75 Years Ago with Alec Reeves. *IEEE-USA InSight*, 2012. Disponível em: https://insight.ieeeusa.org/articles/your-engineering-heritage-pulse-code-modulation-it-all-started-75-years-ago-with-alec-reeves/. Acesso em: 30 jun. 2023.
3   WORLD HEALTH ORGANIZATION. *GHE: Life expectancy and healthy life expectancy*. Genebra: WHO, 2019. Disponível em: https://www.who.int/data/gho/data/themes/mortality-and-global-health-estimates/ghe-life-expectancy-and-healthy-life-expectancy. Acesso em: 30 jun. 2023; ROSER, Max; ORTIZ-OSPINA, Esteban; RITCHIE, Hannah. Life Expectancy. *Our World in Data*, 2013. Disponível em: https://ourworldindata.org/life-expectancy. Acesso em: 30 jun. 2023; THE WORLD BANK. DataBank. *World Development Indicators*. Washington: DataBank, 2023. Disponível em: https://databank.worldbank.org/reports.aspx?source=2&series=SP.DYN.LE00.IN&country=. Acesso em: 30 jun. 2023; UNITED NATIONS.

Department of Economic and Social Affairs. *2022 Revision of World Population Prospects*. Nova York: UN, 2022. Disponível em: https://population.un.org/wpp/. Acesso em: 30 jun. 2023.

4   HUMAN RIGHTS WATCH. *Covid-19 Fueling Anti-Asian Racism and Xenophobia Worldwide*. Nova York: Human Rights Watch, 2020. Disponível em: https://www.hrw.org/news/2020/05/12/covid-19-fueling-anti-asian-racism-and-xenophobia-worldwide. Acesso em: 30 jun. 2023; COVID 'hate crimes' against Asian Americans on rise. *BBC*, 2021. Disponível em: https://www.bbc.com/news/world-us-canada-56218684. Acesso em: 30 jun. 2023.

5   ORGANIZAÇÃO PAN-AMERICANA DA SAÚDE. *Entenda a infodemia e a desinformação na luta contra a COVID-19*. Washington: OPAS, 2020. Disponível em: https://iris.paho.org/bitstream/handle/10665.2/52054/Factsheet-Infodemic_por.pdf?sequence=14. Acesso em: 30 jun. 2023.

6   LUTHER, Martin. *Martin Luther's 95 theses*. Editado por Stephen J. Nichols. Phillipsburg, EUA: P&R Publishing, 2021, [n.p.].

7   CUMMINGS, Brian. *The Literary Culture of the Reformation: Grammar and Grace*. Oxford: Oxford University Press, 2002. p. 32; HENDRIX, Scott H. *Martin Luther: Visionary Reformer*. New Haven, EUA: Yale University Press, 2015. p. 62.

8   HOW Luther went viral. *The Economist*, 2011. Disponível em: https://www.economist.com/christmas-specials/2011/12/17/how-luther-went-viral. Acesso em: 30 jun. 2023.

9   Fala do biólogo norte-americano Edward O. Wilson em debate no Harvard Museum of Natural History, em 9 set. 2009. Disponível em: https://www.goodreads.com/quotes/9770741-the-real-problem-of-humanity-is-the-following-we-have#:~:text=The%20real%20problem%20of%20humanity%20is%20the%20

following%3A%20We%20have,a%20point%20of%20crisis%20 overall. Acesso em: 30 jun. 2023.

10 "Prob. empr. à l'a. prov. biais « direction oblique, détour », XIIe s. (ds RAYN.), d'où le mot paraît s'être répandu dans la Romania. Orig. du prov. controversée. L'hyp. la plus vraisemblable est celle d'un lat. *biaxius* « qui a deux axes » (Holthausen dans *Arch. St. n. Spr.*, t. 113, p. 36; v. COR., *s.v. viaje II*)." Disponível em: https://www.cnrtl.fr/etymologie/biais. Acesso em: 30 jun. 2023.

11 LA COUTURE BRIGADE. Vocabulaire de la mode et de la couture. Paris: La Couture Brigade, 2021. Disponível em: https://lacouturebrigade.com/2021/01/01/vocabulaire-professionnel-de-la-mode/. Acesso em: 30 jun. 2023.

12 BRASIL é 11º país em número de internautas. *BBC Brasil.com*, 2007. Disponível em: https://www.bbc.com/portuguese/reporterbbc/story/2007/03/070306_pesquisainternetrw. Acesso em: 30 jun. 2023.

13 SPYER, Juliano. *Tudo o que você precisa saber sobre Twitter (você já aprendeu em uma mesa de bar)*. São Paulo: Talk, 2009. Disponível em: https://pt.slideshare.net/euthiagobiz/tudo-o-que-voc-precisa-saber-sobre-o-twitter-voc-j-aprendeu-em-uma-mesa-de-bar-1840979. Acesso em: 28 jul. 2023.

14 WILLIAMS, Rohan. The Rockwell Files: What Norman Rockwell means to George Lucas and Steven Spielberg. *Force Material*, 2016. Disponível em: https://www.forcematerial.com/home/2016/10/9/the-rockwell-files-what-norman-rockwell-means-to-george-lucas-and-steven-spielberg. Acesso em: 28 jul. 2023.

15 MILARÉ, Sebastião. *Antunes Filho e a dimensão utópica*. São Paulo: Perspectiva, 2007. (Coleção Estudos).

16 DIXON-FYLE, Sundiatu *et al*. Diversity wins: how inclusion matters. *McKinsey.com*, 2020. Disponível em: https://www.mckinsey.

com/featured-insights/diversity-and-inclusion/diversity-wins-how-inclusion-matters. Acesso em: 30 jun. 2023.

17 QUADRUPLEX (2-inch Quad) video tape (1956 - early 1980s). *Museum of Obsolete Media*, c2023. Disponível em: https://obsoletemedia.org/quadruplex/. Acesso em: 30 jun. 2023; SMITH Television Magnetic Tape Splicer. *BBC vt – a record*, c1997. Disponível em: http://www.vtoldboys.com/editingmuseum/smith.htm. Acesso em: 30 jun. 2023; VIDEOTAPE. *How Products are Made*, c2023. Disponível em: http://www.madehow.com/Volume-7/Videotape.html. Acesso em: 30 jun. 2023.

18 ÉCOLE INTERNATIONALE DE THÉÂTRE JACQUES LECOQ. *Site da École Internationale de Théâtre Jacques Lecoq*, c2020. Página inicial. Disponível em: http://www.ecole-jacqueslecoq.com. Acesso em: 30 jun. 2023.

19 FEUERSTEIN, Georg. *The Shambhala Encyclopedia of Yoga*. Boulder, Colorado: Shambhala, 2000.

20 FARIAS, Moacir Serravo et al. *Fisiologia humana*. v. 3. Universidade Federal de Santa Catarina. Florianópolis, 2014. Disponível em: <https://antigo.uab.ufsc.br/biologia//files/2020/08/Fisiologia-Humana.pdf>. Acesso em: 12 dez. 2023.

21 ANDRADE, Dayana. *Vida em Sintropia*: Agricultura sintrópica de Ernst Götsch explicada. São Paulo: Editora Labrador, 2022.

22 VOSOUGHI, Soroush *et al*. *The spread of true and false news online*. Science, [s. l.], v. 359, n. 6380, p. 1146-1151, 2018. Disponível em: https://www.science.org/doi/10.1126/science.aap9559. Acesso em: 30 jun. 2023.

23 TAS, Marcelo. Brasil, a nação do improviso. *Folha de S.Paulo/The New York Times*, São Paulo, 7 dez. 2009. Disponível em: https://www1.folha.uol.com.br/fsp/newyorktimes/ny0712200905.htm. Acesso em: 30 jun. 2023.

24 FLECK, Isabel. Marcelo Tas vira assunto entre equipe de Hillary Clinton. *Folha de S.Paulo*, São Paulo, 2 out. 2015. Mundo. Disponível em: https://www1.folha.uol.com.br/mundo/2015/10/1689273-marcelo-tas-vira-assunto-entre-equipe-de-hillary-clinton.shtml. Acesso em: 30 jun. 2023.

25 NASSIF, Luis. Como Hillary Clinton cooptou Marcelo Tas. *Jornal GGN*, São Paulo, 14 out. 2016. Disponível em: https://jornalggn.com.br/politica/como-hillary-clinton-cooptou-marcelo-tass/. Acesso em: 30 jun. 2023.

26 MORAIS, Esmael. Glenn Greenwald a Marcelo Tas: 'eu sei o que você fez no verão passado'. *Blog do Esmael*, 15 jan. 2020. Disponível em: https://www.esmaelmorais.com.br/glenn-greenwald-a-marcelo-tas-eu-sei-o-que-voce-fez-no-verao-passado/. Acesso em: 30 jun. 2023.

27 GREENWALDING. *In*: URBAN dictionary. São Francisco: Urban Dictionary, 2023. Disponível em: https://www.urbandictionary.com/define.php?term=greenwalding. Acesso em: 30 jun. 2023.

28 'GREENWALDING', o verbete em inglês. *O Antagonista*, 2019. Disponível em: https://oantagonista.uol.com.br/brasil/greenwalding-o-verbete-em-ingles/. Acesso em: 30 jun. 2023.

29 SIMON, Felix *et al*. Types, sources, and claims of COVID-19 misinformation. *Reuters Institute*, 2019. Disponível em: https://reutersinstitute.politics.ox.ac.uk/types-sources-and-claims-covid-19-misinformation. Acesso em: 30 jun. 2023.

30 MCCARTHY, J. *et al*. A proposal for the Dartmouth summer research project on artificial intelligence. *Standford.edu*, 1955. Disponível em: http://jmc.stanford.edu/articles/dartmouth/dartmouth.pdf. Acesso em: 30 jun. 2023.

REFERÊNCIAS

ANDRADE, Dayana. **Vida em Sintropia**: Agricultura sintrópica de Ernst Götsch explicada. São Paulo: Labrador, 2022.

BERGSON, Henri. **O riso**: ensaio sobre o significado do cômico. Trad. de Débora Cristina Morato Pinto e Maria Adriana Camargo Cappello. São Paulo: Edipro, 2020.

BROTTON, Jerry. **A History of the World in 12 Maps**. Nova York: Penguin Books, 2013.

CHIDVILASANANDA, Swami. **A yoga da disciplina**. [*S.l.*]: Syd Brasil, 2001.

FARIAS, Moacir Serravo *et al*. **Fisiologia humana**. v. 3. Universidade Federal de Santa Catarina. Florianópolis, 2014. Disponível em: <https://antigo.uab.ufsc.br/biologia//files/2020/08/Fisiologia-Humana.pdf>. Acesso em: 12 dez. 2023.

FERNANDES, Millôr. **A bíblia do caos**. Porto Alegre: L&PM Pocket, 2016. 96 p. (Coleção L&PM Pocket).

DE KEYSER, Pierre. **Indexing**: From Thesauri to the Semantic Web. Witney, Oxfordshire: Chandos Publishing, 2012.

GAULIER, Philippe. **O atormentador**: minhas ideias sobre teatro. São Paulo: Edições Sesc, 2016.

GRAY, Dave; BROWN, Sunni; MACANUFO, James. **Game Storming**: A Playbook for Innovators, Rulebreakers, and Changemakers. Sebastopol, Califórnia: O'Reilly Media, 2010.

HISTÓRIAS REAIS. Direção: David Byrne. Produção de True Stories Venture, Warner Bros, Pressman Film e Kurfirst Pictures. Warner Bros, 1986. DVD.

JUNG, Carl Gustav. **Memórias, sonhos, reflexões**. Org. de Aniela Jaffé. Rio de Janeiro: Nova Fronteira, 2019.

KAHNEMAN, Daniel. **Rápido e devagar**: duas formas de pensar. Trad. de Cássio de Arantes Leite. Rio de Janeiro: Objetiva, 2012.

_____; SIBONY, Olivier; SUNSTEIN, Cass R. **Ruído**: uma falha no julgamento humano. Trad. de Cássio de Arantes Leite. Rio de Janeiro: Objetiva, 2021.

KREBS, Robert E. **Groundbreaking Scientific Experiments, Inventions and Discoveries through the Ages**. Westport, Connecticut: Greenwood Press, 2004.

KRENAK, Ailton. **Ideias para adiar o fim do mundo**. São Paulo: Companhia das Letras, 2020.

KRIYANANDA, Goswami. **A Yoga Dictionary of Basic Sanskrit Terms**. Chicago: Temple of Kriya Yoga, 1996.

LEMINSKI, Paulo. **Matsuó bashô**: a lágrima do peixe. São Paulo: Brasiliense, 1983. (Coleção Encanto Radical).

MILARÉ, Sebastião. **Antunes Filho e a dimensão utópica**. São Paulo: Perspectiva, 2007.

MISA, Thomas J. **Leonardo to the Internet**: Technology and Culture from the Renaissance to the Present. 2. ed. Baltimore, Maryland:

The Johns Hopkins University Press, 2011. (Coleção Studies in the History of Technology).

MUKTANANDA, Swami. **Kundalini:** o segredo da vida. Nísia Floresta, Rio Grande do Norte: Siddha Yoga, 1996.

PATER, Walter. **The Renaissance:** Studies in Art and Poetry. [*S.l.*]: Legare Street Press, 2022.

PESSOA, Fernando. **Livro do desassossego.** São Paulo: Companhia das Letras, 2023.

SCHMANDT-BESSERAT, Denise. **How Writing Came About.** Austin: University of Texas Press, 1997.

SHELDRAKE, Merlin. **A trama da vida:** como os fungos constroem o mundo. Trad. de Gilberto Stam. São Paulo: Fósforo, 2021.

TUFTE, Edward R. **The Visual Display of Quantitative Information.** 2. ed. Chesire, Connecticut: Graphics Press, 2001.

VOLTAIRE. **Dicionário filosófico.** Trad. de Ivone C. Benedetti e Carlo Alberto Dastoli. São Paulo: WMF Martins Fontes, 2020.

**Acreditamos
nos livros**

Este livro foi composto em Sabon LT Pro e impresso pela Gráfica Santa Marta para a Editora Planeta do Brasil em fevereiro de 2024.